AF385431

B. RAYNAUD

CHARGÉ DE COURS A LA FACULTÉ DE DROIT
DE L'UNIVERSITÉ DE DIJON

Droit International Ouvrier

PARIS

LIBRAIRIE NOUVELLE DE DROIT ET DE JURISPRUDENCE

Arthur ROUSSEAU

ÉDITEUR

14, RUE SOUFFLOT ET RUE TOULLIER, 13

1906

DROIT INTERNATIONAL OUVRIER

B. RAYNAUD

CHARGÉ DE COURS A LA FACULTÉ DE DROIT
DE L'UNIVERSITÉ DE DIJON

Droit International Ouvrier

PARIS

LIBRAIRIE NOUVELLE DE DROIT ET DE JURISPRUDENCE

Arthur ROUSSEAU
ÉDITEUR
14, RUE SOUFFLOT ET RUE TOULLIER, 13

1906

INTRODUCTION

Ce livre a pour origine la préparation d'un cours qui devait être professé au Collège libre des Sciences sociales (1905-1906) sur le Droit international ouvrier. Les notes réunies pour la préparation de ce cours ont été utilisées d'une autre façon, si bien que le présent volume se trouve être la réunion d'une série d'études séparées : leur ensemble donne cependant un aperçu général assez complet du Droit international ouvrier. L'unité de composition y perd sans doute quelque chose, mais il a semblé que cette diversité même donnait au lecteur une impression plus exacte de l'état actuel des questions étudiées.

Sans doute la nouveauté même du problème, la dispersion des sources d'information, l'absence de travaux antérieurs pouvaient sembler une raison suffisante pour ne pas aborder un sujet aussi délicat et aussi difficile ; mais la réelle actualité de toutes ces questions, leur grand intérêt pratique, le désir de contribuer, pour une part si modeste soit-elle, à leur progrès et à leur solution, enfin l'amour très vif de ces problèmes ont paru un motif valable de tenter l'entreprise.

Le public voudra bien excuser le caractère parfois hâtif des développements qui vont suivre : le Droit international ouvrier n'en est encore qu'à ses débuts et il est inutile de songer maintenant à écrire le livre définitif . C'est au contraire un travail de perpétuelle mise au point que l'étude de cette branche du Droit en formation : vouloir devancer l'avenir serait tout aussi peu scientifique qu'inutile.

Puisse cette première esquisse d'une discipline nouvelle se changer un jour en une étude plus approfondie et plus complète, à mesure que le développement du Droit international ouvrier le permettra. Puisse aussi cette très modeste contribution doctrinale hâter le mouvement si bien marqué aujourd'hui, qui fait émerger de plus en plus tous ces problèmes sociaux au premier plan des préoccupations internationales.

Un jour viendra où les grandes puissances de l'Europe apporteront à l'étude et à la solution de ces pacifiques problèmes toute l'attention et tout le zèle qu'elles consacraient jadis aux problèmes purement politiques, diplomatiques ou militaires. Le xxe siècle sera sans doute à cet égard le siècle du Droit international ouvrier : par la paix et par le droit, vers la justice sociale.

Dijon, avril 1906.

LE DROIT INTERNATIONAL OUVRIER

C'est un fait aujourd'hui universellement constaté que la
mobilisation croissante de la main-d'œuvre ouvrière : tantôt
ce sont des ouvriers avec ou sans leur famille qui viennent
s'établir dans un pays, espérant trouver sous d'autres cieux
une cité plus large et un travail plus rémunérateur ; tantôt
ce sont des migrations temporaires de pays à pays, tels les
ouvriers belges qui se rendent chaque année en grand nombre en France pour y faire la moisson ; tantôt enfin ce sont
des déplacements quotidiens à la frontière, qui permettent
à un ouvrier étranger de venir chercher du travail dans le
pays voisin, sans quitter cependant sa patrie.

Les statistiques ne nous donnent pas malheureusement
le moyen de mesurer exactement ces phénomènes d'immigration. Elles nous donnent seulement pour la France le
chiffre global des étrangers sans distinguer les ouvriers de
ceux qui ne le sont pas. Voici d'après les derniers recense-
ments la proportion d'étrangers :

1851	379.289
1866	635.495
1872	730.844
1876	801.754
1881	1.001.090
1 886	1.126.531
1891	1.130.211
1896	1.051.507
19 01 . . . . , .	1·037.778

Il y a eu, on le voit, pendant le dernier quart du xixᵉ siècle, augmentation continue dans l'ensemble, sauf depuis 1891 où il y a une légère régression.

Si l'on compare maintenant la population étrangère à la population totale, on obtient les résultats suivants :

	Nombre d'étrangers par 100 habitants
1851.	1,06 0/0
1866.	1,67 0/0
1872.	2,03 0/0
1876.	2,17 0/0
1881.	2,68 0/0
1886.	3, 0/0
1901.	2,66 0/0

Ce phénomène (1) social peut être diversement apprécié. L'augmentation du nombre des ouvriers étrangers, pour l'Ecole classique, est un phénomène des plus favorables : il nous rapproche de l'état de mobilité idéale de la main-d'œuvre, déjà prévu en 1842 par M. de Molinari. Résultat heureux, puisqu'il permet à chacun de trouver l'emploi le meilleur pour ses facultés : « The right man in the right place », comme disent les Anglais.

Pour d'autres au contraire, il dénote la prolétarisation croissante des masses ouvrières, déracinées, sans foyer, flottant au gré des nécessités industrielles sur la vaste étendue du monde civilisé, avec ses corollaires néfastes du chômage et de l'instabilité industrielle.

Quoi qu'il en soit, ce phénomène existe et c'est lui qui est le fondement économique, la base même du droit international ouvrier.

(1) Il existe pareillement à des degrés divers dans presque tous les pays.

Il est clair en effet que l'ouvrier ayant quitté son pays d'origine et venant à l'étranger pour y trouver du travail, sera en conflit tout d'abord avec la main-d'œuvre nationale qui aura tendance à le repousser. D'où un conflit inévitable entre la main-d'œuvre nationale et la main-d'œuvre étrangère.

A supposer qu'il trouve du travail, l'ouvrier étranger sera-t-il soumis à la législation interne du pays relative à la protection ouvrière ? Quelles seront pour lui les conditions du travail ?

Enfin participera-t-il et dans dans quelle mesure, aux assurances sociales organisées pour combattre l'invalidité, la vieillesse, l'accident, le chômage ?

Autant de problèmes qui font essentiellement l'objet du droit international ouvrier et que nous aurons à examiner ultérieurement.

J'entends donc par *Droit international ouvrier cette partie du Droit international qui règle la situation juridique des ouvriers étrangers au point de vue des questions de travail.*

Je voudrais ici, par manière d'introduction, en rechercher *l'origine et les caractères* principaux, en marquer ensuite le *développement actuel,* en chercher enfin *l'orientation future.*

I

L'ORIGINE ET LES CARACTÈRES.

Comment s'est peu à peu dégagée dans les temps modernes l'idée d'un droit international ouvrier ? telle est la première question qu'il nous faut résoudre.

Sans doute la mobilisation croissante de la main-d'œuvre fut le point de départ de toute l'évolution récente : mais, à elle seule, elle ne saurait suffire à expliquer le développement des questions ouvrières internationales. Dans une mesure plus restreinte sans doute, le phénomène exista à d'autres époques sans donner lieu à de pareilles conséquences. C'est qu'alors bien des obstacles s'opposaient à cette éclosion d'un droit nouveau : d'abord l'attitude générale de la législation vis-à-vis de l'étranger qui lui faisait dans l'ensemble une situation bien inférieure à l'indigène ; ensuite le manque de cohésion professionnelle entre tous ces individus étrangers, enfin le sentiment moins vif des nationalités et l'absence d'intervention des Etats étrangers pour réclamer et soutenir les droits de leurs nationaux.

Au contraire, au milieu du XIXe siècle, et sans qu'il soit bien facile d'assigner à ce mouvement de date précise, la mobilisation de la main-d'œuvre ouvrière donne naissance au droit international ouvrier sous l'influence de trois causes bien distinctes :

D'abord l'action des intéressés ;

Ensuite celle des Etats et de la législation ouvrière ;

Enfin les progrès du droit international privé.

L'action des intéressés d'abord : Cette première cause est sans doute l'une de celles qui a agi le moins puissamment, mais qu'il faut relever cependant, ne serait-ce que pour le rôle qu'elle est susceptible de jouer dans l'avenir.

Il n'existe pas, à notre connaissance, de syndicats d'ouvriers étrangers, constitués spécialement en vue de faire valoir leurs droits dans le pays où ils travaillent (1) ; à ce point de vue on ne saurait soutenir qu'il y ait eu de la part des ouvriers étrangers une action directe sur la création du droit international ouvrier. Cependant l'idée s'est peu à peu répandue dans le monde du travail d'une sorte de prolétariat international dont les intérêts seraient en somme les mêmes en tous pays, n'étant autres que les intérêts mêmes des travailleurs. L'Association Internationale des travailleurs fondée par Karl Marx et Engels en 1864 fut la première réalisation pratique de cette idée, avec sa fameuse devise : « Prolétaires de tous les pays, unissez-vous. »

Déjà le Manifeste du parti communiste est très net à cet égard (2) :

« Les ouvriers n'ont pas de patrie. On ne peut leur ravir ce qu'ils n'ont pas. Comme le prolétariat de chaque pays doit en premier lieu, conquérir le pouvoir politique, s'ériger en classe maîtresse de la nation, il est par là encore national lui-même, quoique nullement dans le sens bourgeois.

Déjà les démarcations et les antagonismes nationaux des

____

(1) En France la chose serait possible avec la loi du 21 mars 1884 : les administrateurs du syndicat seuls devraient être Français (art. 4). Il faut réserver toutefois l'article 12 de la loi du 1er juillet 1901 : dissolution des associations composées en majeure partie d'étrangers, possible par simple décret en conseil des ministres.

(2) *Manifeste du parti communiste*, p. 35. Edit. Giard, 1897.

peuples disparaissent de plus en plus avec le développement de la bourgeoisie, la liberté du commerce et le marché mondial, avec l'uniformité de la production industrielle et les conditions d'existence qui y correspondent.

L'avènement du prolétariat les fera disparaître plus vite encore. *L'action commune des différents prolétariats*, dans les pays civilisés, tout au moins, *est une des premières conditions de leur émancipation.* »

Sans doute le Manifeste conviait ainsi tous les ouvriers à une action essentiellement socialiste : malgré l'insuccès de l'Internationale, se dégagea dans la classe ouvrière l'idée aujourd'hui encore très vivante d'un prolétariat international.

Bientôt l'idée était reprise plus heureusement avec les syndicats internationaux dans plusieurs des principaux métiers de l'industrie.

Le mouvement est assez mal connu (1). On peut citer cependant la Fédération internationale des mineurs, fondée à Londres en 1892 (2).

La Fédération lithographique internationale, fondée en 1896 (3) : l'article 15 de ses statuts dispose :

« Le secrétariat international publiera en outre de temps en temps des bulletins en anglais, français et allemand, contenant des informations sur les conflits, grèves, lockouts, matières judiciaires, et sur la législation du travail dans les différents pays. »

Il faut mentionner encore, quoique ayant réussi à des de-

(1) Cf. cependant de Seilhac, *Les Congrès ouvriers en France*, 1876-1897, *passim*.

(2) Office du travail, *Associations professionnelles ouvrières*, t. I, p. 416.

(3) *Ibidem*, t. I, p. 697.

grés divers, le Secrétariat typographique international, la Fédération internationale textile, le Secrétariat international des mouleurs, le Bureau international d'informations de la métallurgie, le Comité international d'études des intérêts des travailleurs de chemins de fer, la Fédération internationale des transports, la Fédération internationale des employés (1).

Tout ce mouvement imposait en quelque sorte à l'attention des économistes et des juristes la situation de l'ouvrier étranger au point de vue du travail.

Une seconde cause agit encore plus efficacement pour contribuer à la création du droit international ouvrier : c'est l'action des Etats et de la législation ouvrière.

A mesure que s'élaborait dans les principaux pays de l'Europe la législation ouvrière de ces vingt dernières années, le problème se posait nécessairement de savoir si cette législation protectrice des travailleurs engloberait l'ouvrier étranger. Le point de départ même de toute cette législation, l'idée de la protection ouvrière, impliquait sans doute une solution affirmative, mais à chaque nouveau progrès les partisans de la protection du travail national par l'ardeur même de leur zèle à garantir l'ouvrier national contre ses concurrents étrangers, posaient la question de l'application de la loi nouvelle à ses rivaux redoutés. Dans l'ensemble, comme nous le verrons, l'idée de justice sociale l'emporta sur la thèse opposée et la législation ouvrière contribua par là à améliorer la condition de l'ouvrier étranger, de même qu'elle élevait celle de l'ouvrier national.

Cette même législation ouvrière contribua encore d'une autre manière à poser les questions de droit international

______

(1) Office du travail, *Ass. prof. ouvrières*, t. I, p. 879 ; t. II, p. 462 ; t. III, p. 460, 506 ; t. IV, p. 574, 602, 720.

ouvrier : en effet, le problème de l'intervention législative était étroitement et directement lié à une question de concurrence étrangère ; intervenir c'était le plus souvent augmenter pour un temps le prix de revient du produit et rendre par là même la situation des producteurs plus difficile au point de vue de la conquête des marchés extérieurs. A chaque étape de l'intervention législative, ce sont toujours les mêmes craintes. Vous allez tuer l'industrie nationale en l'affaiblissant vis-à-vis de ses concurrents étrangers. De là tout naturellement des études de législation comparée, pour aboutir à un prix de revient comparé : de là l'attention donnée au problème de la main-d'œuvre ; de là aussi une tendance pour chaque pays où progressait la législation du travail, à souhaiter un accord avec les Etats étrangers sur les questions ouvrières. Autant d'actions et de réactions éminemment favorables et créatrices du droit international ouvrier.

Enfin toujours à ce même point de vue de l'action de l'Etat, les grandes puissances industrielles de l'Europe, la France, l'Angleterre, l'Allemagne, l'Italie, la Suisse, poursuivant chacune dans leur sphère la solution des problèmes ouvriers, sont appelées à étudier la situation de leurs nationaux à l'étranger et à prendre en main la défense de leurs intérêts auprès du pays qui les emploient. Comme cette attitude est d'ailleurs réciproque, les accords sont par là facilités et deviennent bientôt une réalité. C'est ainsi que soutenus sans doute par l'opinion publique, les Etats modernes ont joué comme Etats un rôle prépondérant dans l'élaboration du nouveau Droit international qui se crée aujourd'hui.

Une troisième et dernière cause peut être indiquée comme origine du droit international ouvrier : ce sont les progrès du droit international lui-même.

En effet, le XIXe siècle avait vu ce que l'on pourrait appeler la constitution d'un droit international conventionnel. Sur presque tous les points qui intéressent la vie économique des divers peuples, s'étaient créées des Unions internationales ou avaient été passées des Conventions internationales (1).

Transports par chemins de fer, transports maritimes, navigation sur les grandes voies fluviales internationales, services postaux, télégraphes et téléphones, monnaie, poids et mesures, propriété littéraire ou industrielle, tout avait pu rentrer dans le cadre infiniment souple du traité international. Comment dès lors en écarter les questions sociales, autrement vivantes, autrement poignantes que de pures questions de richesse matérielle ? Comment ne pas restituer à la personne du travailleur sa valeur absolue, sa valeur humaine, et ne pas poursuivre de ce côté encore une union et des accords réalisés ailleurs ? Comment ne pas profiter enfin de cet instrument merveilleusement souple que le Droit international venait en quelque sorte de forger, pour conclure après les traités politiques, les traités commerciaux, les traités de travail ?

Des conflits de lois nouveaux pouvaient naître à l'occasion de la question de travail, et spécialement de l'application des lois d'assurances ouvrières aux étrangers : le mode de solution de ces conflits était aujourd'hui acquis et les récentes conventions de la Haye (2) sur de nombreux points

(1) Cf. Carpentier, *Codes et traités*, t. I ; Union postale universelle, du 4 juillet 1891 ; Union internationale pour la protection industrielle, du 20 mars 1883 ; Convention internationale pour le transport des marchandises par chemin de fer, du 14 octobre 1890, etc., etc...

(2) Conventions de 1899 et 1902. — Cf. Lainé. « Introduction ». *Revue de droit international privé et de droit international pénal*, 1905, p. 14 et 15.

de droit privé, devenaient un modèle et un exemple facile à suivre.

Notre maître, M. Lainé, écrivait récemment (1) : « En attendant que chez nous, en ce qui concerne le conflit de la loi française avec les lois étrangères, la réglementation embryonnaire contenue dans l'article 3 du Code civil soit remplacée par une véritable codification législative, une entreprise bien plus hardie, *la codification conventionnelle*, établissant par voie de traités des règles communes à la France et à plusieurs autres pays d'Europe, est déjà commencée et se poursuit avec succès. »

En un mot, l'heure était propice à la naissance du droit international ouvrier à cause des progrès récents du droit international dans tous les domaines.

Telles sont brièvement esquissées les causes d'ordres divers qui favorisèrent l'étude et la solution des questions ouvrières internationales, hâtèrent l'avènement d'un droit international ouvrier.

Ces causes expliquent aussi les principaux caractères de la nouvelle branche du droit à l'état de formation.

Le droit international ouvrier nous apparaît en effet avec quatre caractères bien marqués :

Il est écrit ;

Il est humanitaire ;

Il tend à l'uniformité dans les différents pays ;

Il tend à la réciprocité diplomatique.

Le droit international ouvrier est *écrit* : il résulte en effet soit de textes précis de la législation positive interne, soit de conventions internationales passées entre nations. Point n'est besoin d'insister sur les avantages réels que présente

____

(1) *Revue de droit international privé et de droit pénal international*, (*Darras*), 1905, n° 1, p. 14.

à ce point de vue cette branche nouvelle du droit international. Précision, clarté, sont des qualités inappréciables sans d'ailleurs qu'il ait à souffrir de la rigueur ou de la cristallisation de textes vieillis. Le mode même d'élaboration de ces textes, l'insertion dans des conventions à durée limitée ou dans des lois souvent remises sur le chantier assurent toute la souplesse nécessaire pour se conformer aux réalités de la vie économique et sociale, toujours en transformation.

En second lieu, le droit international ouvrier est *humanitaire*, c'est-à-dire qu'il s'inspire des principes de justice et d'humanité qui dominent aujourd'hui la législation ouvrière dans chaque pays. Autant que le permettent les considérations d'utilité sociale propres à chaque pays, ce sont les solutions les plus humaines, les plus sociales qui ont tendance à prévaloir.

En troisième lieu *il tend à l'uniformité* d'une double manière : d'abord les prescriptions d'une législation ouvrière internationale ne sont possibles que dans la mesure où en principe elles s'appliquent également à tous les pays qui les ont acceptées. Ensuite la similitude des législations internes au point de vue social provoque de plus en plus l'application des mêmes solutions aux principaux problèmes soulevés.

Enfin le droit international ouvrier *repose* chaque jour davantage *sur la réciprocité diplomatique* : c'est la conséquence même de la manière dont ce droit s'élabore, par acte ou par convention internationale. Il est clair qu'un pays, la France, par exemple, ne sera disposé à concéder des avantages aux ouvriers étrangers appartenant aux pays avec lesquels il traite que dans la mesure où ces pays sont à même d'accorder des avantages équivalents à ses nationaux travaillant à l'étranger.

Il faut avouer d'ailleurs que ces deux derniers caractères
ne sont pas encore absolument généralisés : ils se dégagent
cependant de l'élaboration toute récente de ces dernières
années.

C'est maintenant aux détails de cette élaboration qu'il
nous faut nous attacher, pour esquisser le développement
actuel.

II

LE DÉVELOPPEMENT ACTUEL.

Pour juger du développement du droit international ouvrier, il nous faut passer en revue les agents d'élaboration
de ce droit.

Ils sont, semble-t-il, au nombre de trois :

La loi ;

La jurisprudence ;

Le traité.

a) *La loi.* — Les dispositions législatives concernant les
ouvriers étrangers sont d'abord les rares dispositions de
notre Code ou des lois civiles concernant les étrangers, notamment l'article 3 du Code civil qui reste toujours la base
de solution des conflits de lois et la disposition fondamentale du droit international.

Il y a de plus un certain nombre de dispositions spéciales éparses dans diverses lois concernant la situation juridique des ouvriers étrangers, spécialement au point de vue du
travail. L'attention est aujourd'hui attirée sur ces problèmes et il est rare qu'ils soient passés sous silence par la législation : c'est ainsi que l'article 3 de la loi de 1898 sur les
accidents du travail, l'article 4 du projet actuellement pendant devant la Chambre sur les retraites (1) visent expressément la situation des ouvriers étrangers.

(1) Voir *infrà*, p. 101 et 113.

Mais ces dispositions législatives sont en somme assez peu nombreuses et sont loin de donner la solution à tous les problèmes : aussi la part de la jurisprudence reste-t-elle très considérable.

b) *La jurisprudence*. — Comme pour les autres branches du droit international, c'est à la jurisprudence qu'il appartient d'interpréter et de suppléer la loi. Ce serait certes une étude fort intéressante que de relever dans ses détails l'œuvre de la jurisprudence dans l'élaboration de ce nouveau droit : on y verrait l'effort de nos magistrats pour suivre les tendances de leur époque. Je n'en citerai que quelques exemples empruntés ici et là à des jugements récents :

Ainsi à propos du délit d'embauchage d'ouvriers pour l'étranger (1), un arrêt de la Cour de Nîmes du 4 novembre 1904 (2) a décidé que l'intention de nuire à l'industrie française était suffisamment établie par cette circonstance que l'inculpé a conscience du caractère délictueux de ses actes ainsi que des desseins du patron étranger qui a cherché à initier ses ouvriers aux secrets d'une fabrication française.

Attendu, dit le jugement confirmé en appel, que décider autrement serait rendre à peu près illusoire l'application de l'article 417, ainsi que la protection par lui accordée à l'in-

----

(1) L'article 417 du Code pénal dispose : Quiconque, dans la vue de nuire à l'industrie française, aura fait passer en pays étranger, des directeurs, commis ou des ouvriers d'un établissement, sera puni d'un emprisonnement de six mois à deux ans et d'une amende de cinquante francs à trois cents francs.

(2) De Seilhac, *Revue politique et parlementaire*. Revue des questions ouvrières, janvier 1905, p. 167 : un patron d'Avignon est condamné pour avoir envoyé une ouvrière à Barcelone où elle transmettait des secrets de fabrication de carreaux imitation marbre. — Cf. *Journal de droit international privé*, 1905, p. 391.

dustrie française, les dilettantes de la trahison pour l'unique plaisir de trahir, ne pouvant être qu'une exceptionnelle monstruosité en vue de laquelle le législateur, soucieux du *plerumque fit* n'a pu vouloir uniquement légiférer.

Cette décision marque un effort intéressant pour résister au courant d'internationalisation croissante de l'industrie.

Témoin encore cette autre décision du tribunal civil d'Alais du 27 janvier 1903 (1), à propos de la loi applicable à l'accident du travail survenu en territoire étranger (2) : le tribunal repousse l'exception d'incompétence soulevée par le patron qui prétendait que seul pouvait être saisi de l'affaire le tribunal du lieu de l'accident survenu en Russie.

« Attendu qu'on ne saurait sérieusement soutenir qu'il appartient à des Français d'aller solliciter des magistrats étrangers l'application des dispositions d'une loi française qu'ils ne sont pas tenus de connaître et encore moins d'exécuter. »

Le tribunal a ici très exactement, à notre sens, maintenu la compétence du tribunal français pour un accident survenu à l'étranger à un ouvrier français.

On peut indiquer enfin toute la jurisprudence (3) sur la loi du 8 août 1893 relative à la déclaration de résidence pour les étrangers non admis à domicile, venant en France pour y exercer une profession, une industrie ou un commerce. Nos tribunaux ont entendu dans le sens le plus large l'obligation de faire cette déclaration et ont été jusqu'à l'imposer à l'étranger qui exerce régulièrement sa profession

---

(1) *Revue de droit international privé et de droit pénal international*, 1905, p. 135.

(2) Sur ce point, voir *infrà*, p. 126.

(3) Trib. corr. Valenciennes, 2 novembre 1894, *Journ. de dr. intern. privé*, 1895, p. 114 ; Douai, 30 juin 1896, *idem*, 1899, p. 574.

en France, tout en résidant sur le sol étranger à proximité de la frontière (1).

On pourrait ajouter beaucoup d'autres exemples marquant le rôle de la jurisprudence.

D'ailleurs la doctrine prête très heureusement son aide à l'élaboration de ce droit nouveau.

C'est ainsi, pour ne parler que de la France, que nos deux principales revues de droit international privé font de plus en plus une large place, soit dans leurs articles de fond, soit dans leurs analyses de jurisprudence, au droit international ouvrier.

Le *Journal du droit international privé et de la jurisprudence comparée*, dirigé depuis plus de 30 ans par M. Clunet, tend à donner une importance chaque jour croissante à ces questions ouvrières internationales (2).

D'autre part, la *Revue de droit international privé et de droit pénal international*, fondée par M. Darras, indiquait nettement dans son programme la place qu'elle entend réserver aux questions de ce genre :

« La « Revue » abordera l'étude des questions nouvelles auxquelles il n'a peut-être pas été attribué jusqu'ici une attention suffisante. C'est ainsi que nous comptons nous occuper spécialement des questions de législation ouvrière internationale ; la conclusion récente du traité franco-italien de travail, les démarches faites par la Belgique en vue de la conclusion de traités de même nature, les modifications apportées à la loi française du 9 avril 1898 sur les accidents du travail, la réunion à Berne d'une conférence internationale sur la législation ouvrière, le projet de création d'un

____

(1) Nancy, 5 avril 1894, *Journ. de dr. intern. privé*, 1898, p. 146 et D. 95.2.27.

(2) Cf. notamment : années 1904 et 1905.

Institut international agricole et d'autres faits encore attestent l'extension du droit international privé à un domaine laissé jusqu'ici presque inexploré » (1).

Ce ne sont pas d'ailleurs seulement les Revues spéciales qui ont été frappées de l'importance de ces problèmes ; on pourrait citer bien d'autres études qui marquent la même orientation doctrinale (2).

Ainsi la jurisprudence aidée de la doctrine travaillent chaque jour à la solution des questions ouvrières internationales.

Il faut enfin signaler ici, toujours comme symptômes de ce développement, l'existence de deux grandes associations privées ; l'une a déjà joué un rôle important dans ce développement, l'autre est également appelée à y figurer très utilement.

Ce sont : d'une part, l'Association internationale pour la protection légale des travailleurs.

D'autre part, l'Institut international d'agriculture.

L'Association internationale pour la protection légale des travailleurs (3) est aujourd'hui trop connue pour qu'il soit besoin d'insister longuement sur le rôle qu'elle a joué dans l'élaboration du droit international ouvrier (4).

(1) La Revue a, d'ailleurs, été très heureusement fidèle à ce programme. — Cf. année 1905 et les numéros parus de l'année 1906.

(2) P. Pic, « Du contrôle de la durée légale du travail. Projet de loi français, traité du travail franco-italien ». *Revue d'économie politique*, 1905; G. Gidel,« L'Institut agricole international ». *Annales des sciences volitiques*, 15 septembre 1905 ; Millerand, « Les traités du travail », *Revue politique et parlementaire*, octobre 1903, XXXVIII, p. 33, etc., etc.

(3) Congrès international pour la protection légale des travailleurs. Rapports et compte rendu analytique des séances, 1901. — *Bulletin de l'Office international du travail*, in-8, depuis 1902. — Série de publications de l'Association nationale française. Paris, Alcan.

(4) Cf. A. Lichtenberger, *L'Association internationale pour la protec-*

Ses statuts (art. 2) lui assignaient notamment pour but :
4° de favoriser par tous les moyens l'étude de la question de la concordance des diverses législations protectrices des ouvriers ainsi que celle d'une statistique internationale du travail ;

5° De provoquer la réunion de Congrès internationaux.

Elle a été très fidèle à cette noble tâche et depuis 1900, a fourni un effort continu qui a d'ailleurs déjà donné ses résultats avec la Conférence de Berne (1905) (1).

On peut attendre beaucoup de cette Internationale de la Paix comme l'appelait un de ses fondateurs.

De nombreuses questions sont à l'ordre du jour de cette Association : le travail à domicile, l'emploi de la céruse, la protection de l'enfance ouvrière, les assurances sociales, sans compter les questions à l'ordre du jour des différentes sections nationales.

L'Institut international d'agriculture (2) n'a pas sans doute pour objet direct et principal de s'occuper des questions ouvrières internationales.

On sait en effet que l'initiative royale qui lui donna naissance s'inspirait d'une idée spécialement agraire ; il s'agissait avant tout de soustraire les agriculteurs à l'exploitation des intermédiaires. Cependant à côté de ce but principal, le programme de l'Institut international d'agriculture comprend certains points qui intéressent le droit international ouvrier.

---

tion légale des travailleurs et sa section française. Paris, Alcan. — Publications de l'Association nationale française.

(1) Cf. *infrà*, p. 66.

(2) Cf. Richard Dalla-Volta : « L'Institut international d'agriculture proposé par S. M. le roi d'Italie », *Rev. d'Economie polittque*, juillet 1905, p. 611 et suiv.

Ce sont :

1° L'organisation d'un office central de travail agricole, pour orienter l'émigration entre les divers pays ;

2° La réglementation internationale des assurances contre les accidents agricoles.

D'ailleurs, le moyen de réaliser tout ce programme ne sera pas autre que celui que nous lui connaissons déjà et sur lequel nous avons longuement insisté : à savoir, la conclusion de conventions entre les groupes privés des divers pays intéressés dans la production agricole.

C'est ainsi que l'on peut fonder sur cette « Internationale Verte » de justes espérances.

D'ailleurs, aujourd'hui l'Institut international d'agriculture n'en est plus à la période de formation : on est déjà entré dans la voie de réalisation pratique.

La Conférence réunie à Rome en mai 1905 pour examiner les moyens de régler au point de vue international les questions concernant l'agriculture, a abouti le 7 juin à une convention internationale qui est le véritable acte de naissance du nouvel Institut.

Cette convention est soumise actuellement à l'approbation de tous les Etats représentés à la Conférence.

La situation au point de vue de cette approbation est actuellement la suivante (1).

1° Etats qui ont signé la convention :

Italie, France, Russie, Angleterre, Monténégro, Roumanie, Serbie, Belgique, Portugal, Suisse, Luxembourg, Bulgarie, Grèce, Allemagne, Danemark, Suède, Pays-Bas, Uruguay, Perse, Salvador, Mexique, Japon, Equateur.

____

(1) *Temps* du 13 mars 1906.

2° Etats qui ont annoncé leur adhésion, mais n'ont pas encore signé la convention :

Etats-Unis, Pérou, St-Dominique, Guatemala, Chili, Ethiopie, Nicaragua.

3° Etats qui ne se sont pas encore prononcés :

Brésil, Chine, Costa-Rica, Paraguay, Turquie.

L'organisation future a été confiée à une commission nommée par le roi d'Italie (1) : elle est chargée de pourvoir à la création matérielle (2) et de rédiger le programme de travaux pour la première réunion des délégués internationaux.

Cette réunion sera convoquée dès que l'Institut commencera à fonctionner : on estime que ce sera vraisemblablement à la fin de l'année 1907.

L'Institut international d'agriculture contribuera donc dans une mesure certaine au développement du droit international ouvrier.

Tel est dans ses grandes lignes le développement actuel du second des éléments que nous avions à envisager, de la jurisprudence, aidée par la doctrine et diverses institutions.

c) *Le traité*. — La troisième source de formation du droit international ouvrier est le traité.

Il a pris dans ces tout derniers temps un remarquable développement qu'il faut esquisser dans ses grandes lignes.

On rencontre les deux types usuels de traités :

(1) La Commission est ainsi composée : Le sénateur Faino, le marquis Cepelli, les députés Chimirri et Gorio, M. Luzatti, ministre du Trésor.

(2) Le roi d'Italie vient d'ailleurs de faire don à l'Institut d'une somme annuelle de 300.000 francs, revenu d'une de ses terres. L'Institut doit être installé dans la villa Borghèse : on procède maintenant à la construction du Palais où siègera l'Institut, sur un terrain appartenant à l'Etat.

Le traité bilatéral, passé entre deux Etats ;

Le traité général avec faculté d'accession, pouvant s'étendre à un nombre indéfini d'Etats.

La première catégorie [de traités a été inaugurée par le traité de travail franco-italien du 15 avril 1904 (1). Ce traité a un triple objet : il contient des clauses relatives à l'épargne, des stipulations réciproques concernant les assurances ouvrières, enfin des engagements destinés à garantir le maintien et à favoriser le développement de la législation ouvrière dans les deux pays (2).

Les traités plus récents entre la Belgique et le Grand-Duché de Luxembourg (15 avril 1905) d'une part, et entre le même Grand-Duché et l'Empire d'Allemagne (2 septembre 1905) sont conçus sur le même type mais ne concernent que l'assurance ouvrière accident (3).

Dans tous ces toaités, les dispositions concernant le travail sont l'objet exclusif et principal.

Parfois aussi les clauses concernant le droit international ouvrier sont insérées dans les traités de commerce. Tel est le cas pour les traités italo-suisse (4) du 13 juillet 1904 et italo-allemand du 3 décembre 1904 : ces deux traités contiennent un article spécial par lequel les deux puissances contractantes s'engagent à conclure un accord relatif aux assurances ouvrières basé autant que possible sur la réciprocité.

(1) Voir Annexe I.

(2) Le traité contient en outre des stipulations relatives à la participation des deux puissances aux conférences de protection ouvrière internationale : elles ont aujourd'hui reçu une première application avec la participation des deux puissances à la Conférence de Berne, 1905.

(3) Voir Annexes VII et VIII.

(4) Voir *infrà*, Annexes IV et V.

Tel est également le cas pour le traité conclu entre l'Empire d'Allemagne et l'Autriche-Hongrie le 19 janvier 1905 (1) : ce dernier contient une clause analogue relative aux assurances ouvrières, mais cette clause du traité prévoit également la conclusion d'accords relatifs à la protection des travailleurs. Il est donc par là plus étendu que les deux autres traités précédemment cités.

Il faut remarquer d'ailleurs que tous ces traités ne font encore que poser le principe d'une série d'arrangements ultérieurs sur des points spéciaux déterminés qui doivent les suivre.

C'est ainsi par exemple qu'en exécution du traité du travail du 15 avril 1904, la France et l'Italie ont déjà conclu deux arrangements :

Le premier ayant trait aux échanges de livrets de caisses d'épargne entre les deux pays a été annexé à la convention même ;

Le second est relatif aux transferts de fonds entre les caisses d'épargne ordinaires des deux pays et a été signé à Paris en janvier 1906.

Tous ces traités, conventions ou arrangements sont d'ailleurs conclus pour une durée déterminée ; c'est le cas le plus fréquent.

C'est ainsi que les conventions insérées dans les traités de commerce engagent naturellement les deux parties pour la durée même d'application du traité : 10 ans. De même les arrangements conclus en application du traité de travail franco-italien sont valables pour cinq ans avec tacite reconduction d'année en année.

Les traités de travail au contraire ne fixent pas un délai

(1) Voir *infrà*, Annexe VI.

fixe, mais une clause prévoit la dénonciation de la convention à toute époque par l'une des puissances à certaines conditions, et notamment par la manifestation de son intention un an d'avance (art. 5 du traité de travail franco-italien) (1).

La deuxième catégorie de traités comprend les traités généraux avec clause d'accession par les puissances tierces.

Cette catégorie ne comprend encore que les deux traités arrêtés par la Conférence officielle de Berne (mai 1905) (2), qui n'ont d'ailleurs pas encore reçu ni l'un ni l'autre la notification de toutes les puissances signataires.

La première convention, ou plus exactement la première base de convention, est relative à l'interdiction de l'emploi du phosphore blanc dans l'industrie des allumettes.

La seconde a trait à l'interdiction du travail de nuit des femmes employées dans l'industrie.

Voici d'ailleurs, pour plus de clarté, l'acte final de la Conférence internationale pour la protection ouvrière :

« Les délégués des gouvernements de (ici les 15 Etats représentés) (3) s'étant réunis en Conférence le 8 mai 1905, à Berne pour examiner les solutions à donner aux deux questions contenues dans la circulaire du Conseil fédéral suisse, du 30 décembre 1904, les soussignés sont convenus de prier le Conseil fédéral suisse de bien vouloir saisir les gouvernements des hauts Etats intéressés, en vue des négociations diplomatiques qu'ils jugeront utile d'ouvrir, des

_____

(1) *Ibidem* pour les traités du Luxembourg et de la Belgique, ainsi que du Luxembourg avec l'Allemagne.

(2) Voir plus loin Annexe IX.

(3) Allemagne, Autriche-Hongrie, Belgique, Danemark, Espagne, France, Grande-Bretagne, Grèce, Italie, Luxembourg, Pays-Bas, Portugal, Roumanie, Serbie, Suède et Norvège, sans oublier la Suisse qui avait convoqué la Conférence.

propositions ci-après qui constituent le résultat des délibérations de la Conférence et forment les bases de conventions internationales à conclure. »

En somme, les traités ne sont encore que préparés ou amorcés si l'on peut dire : il appartiendra aux diplomates représentant les puissances adhérentes à la Conférence de Berne de donner à ses décisions la forme de traité international.

On le voit, l'élaboration de cette seconde catégorie de traités, par le grand nombre même des intérêts qu'elle met en jeu, rencontre beaucoup plus de difficultés et demande beaucoup plus de temps que la première.

Ainsi la loi, la jurisprudence et le traité, tels sont les trois facteurs qui, à des degrés divers, contribuent actuellement à la formation du droit international ouvrier.

III

Que deviendra tout cet effort actuel pour l'élaboration d'un Droit international ouvrier ? Où marchons-nous ?

Une première question se pose à cet égard : le Droit international ouvrier doit-il être rattaché au Droit international privé ou au Drit international public ?

Les deux solutions pourraient aisément se soutenir :

En faveur de la première, il est facile de faire remarquer qu'il ne s'agit en somme que d'intérêts privés : qu'on songe à la réparation des accidents du travail, à la durée de la journée ouvrière, au travail de nuit des femmes ou à l'interdiction du phosphore blanc dans la fabrication des allumettes, ce sont toujours en dernière analyse les intérêts de l'ouvrier en tant qu'individu qu'il s'agit de protéger. C'est la personne même du travailleur qui domine tout ce débat, et à ce point de vue toutes ces questions nouvelles relèvent du droit international privé.

En faveur de la seconde, on peut observer que toutes ces questions individuelles ne se peuvent vraiment aujourd'hui trancher que par une intervention directe de l'Etat, que c'est donc avec la puissance publique de l'Etat étranger que l'individu se trouve en rapport, de même que dans une question de contrebande de guerre ou de neutralité maritime. Ce sont les rapports de souveraineté d'Etats à Etats qui peuvent seuls trancher les questions de protection ouvrière internationale et à ce titre le droit international public peut parfaitement réclamer pour lui les nouvelles questions qui se posent.

A dire vrai, le droit international ouvrier est mixte : il participe de la nature des deux branches maîtresses du droit international.

Le problème est bien de droit international public en tant qu'il s'agit de l'intervention de l'Etat dans les questions ouvrières, de même qu'il est bien de droit international privé pour tout ce qui concerne la garantie des droits individuels.

Peu importait d'ailleurs ces discussions d'Ecole : l'essentiel est d'arriver à la constitution des règles du droit nouveau.

Quelle est à cet égard l'orientation future du droit international ouvrier ?

Pour le dire et le prévoir, il nous faut reprendre les agents de réalisation du droit international ouvrier.

La loi ;

La jurisprudence ;

Le traité,

et nous demander celui qui est appelé à jouir de l'influence prépondérante.

Deux tendances dominent en somme l'évolution du droit nouveau :

L'une, que l'on pourrait appeler la tendance nationale, consiste à se préoccuper surtout, dans le droit interne de chaque pays, de la situation faite à l'ouvrier national et à lui créer en quelque sorte un traitement de faveur. Ne faut-il pas protéger avant tout le travail national et n'est-ce pas à ses enfants que la patrie doit réserver le plus de confort et de bien-être. L'ouvrier étranger est l'exception à tous les points de vue, par le petit nombre d'abord, par sa situation instable, par la tendance à l'avilissement des salaires qu'il amène inéluctablement. Peu importe dans cette thèse le sort de l'ouvrier étranger : s'il souffre ou du moins s'il est, au point de vue légal, dans une situation inférieure à l'ouvrier national, il regagnera son pays d'origine et débarrassera ainsi le marché du travail d'un élément importun. La loi doit être française avant tout, comme ailleurs elle doit être allemande ou anglaise, en un mot nationale ;

L'autre tendance, que l'on pourrait appeler, si le mot n'avait pas été employé trop souvent dans un autre sens, internationale, entend s'inspirer des idées supérieures de justice sociale et d'humanité. L'idéal serait que le travailleur pût jouir partout, en tous pays, en tous lieux, de la même protection, que la durée du travail fût pour tous modérée, que les assurances sociales apportassent le complément de salaire devant les risques de tout genre, que la justice en un mot fût égale pour tous. Cette tendance se traduit juridiquement par une théorie d'assimilation aussi complète que possible entre l'ouvrier national et l'ouvrier étranger.

Telles sont les deux voies ouvertes devant le droit international ouvrier. De quel côté s'orientera-t-il ?

Le problème ainsi posé, il est aisé de voir où mènent chacun des facteurs qui contribuent actuellement à l'élaboration du droit nouveau.

a) *La loi.* — La législation positive interne de chaque pays obéit naturellement à la première des deux tendances et pousse à un régime spécial réservé aux nationaux.

C'est là d'ailleurs une impulsion naturelle qui s'explique facilement : dans presque tous les Etats civilisés, la loi est aujourd'hui l'œuvre des Parlements qui ne sont en somme à des degrés divers que la représentation de la nation. Or une assemblée française ou anglaise aura tout spontanément tendance à favoriser les Français ou les Anglais pour lesquels elle légifère.

Le passé d'ailleurs est là pour répondre de l'avenir.

C'est ainsi que l'Allemagne, au moment où elle établit les assurances ouvrières, accidents, retraites, invalidité, fut tout naturellement amenée à faire prévaloir la solution de traitement de faveur pour ses seuls nationaux à l'exclusion des ouvriers étrangers.

L'article 4, alinéa 5 de la loi du 22 juin 1889 sur l'assurance contre l'invalidité et la vieillesse donne formellement le droit au Conseil fédéral d'exclure certaines personnes de l'assurance obligatoire à raison du caractère trop passager de leur occupation. Grâce à cette disposition un grand nombre d'ouvriers étrangers furent exclus du système des retraites (1).

Tout récemment encore, l'Angleterre, par la loi du 11 août 1905 (2), se défendait contre le flot envahissant des émigrants étrangers en les soumettant à une visite des inspecteurs d'émigration. Celui-ci a le droit de refuser l'autorisation de débarquer aux émigrants considérés comme « peu désirables » (*indesirable immigrant*).

Un émigrant sera considéré comme tel, d'après l'article 3 de la loi :

a) S'il ne peut prouver qu'il a en sa possession les moyens de pourvoir convenablement à ses propres besoins et à ceux de sa famille (s'il en a une), ou qu'il est en situation d'obtenir les dits moyens d'existence, ou bien :

b) S'il est idiot ou atteint d'aliénation mentale, ou si à

(1) V. *infrà*, p. 106.
(2) *Bulletin de l'Office international du travail*, 1905, p. 242.

cause d'une maladie ou d'une infirmité, il semble pouvoir tomber à la charge de l'assistance publique, ou devenir d'autre façon, une gêne ou une charge pour le public, ou bien ;

c) S'il a subi une condamnation pour un motif qui ne soit pas d'ordre politique, dans un pays avec lequel il existe un traité d'extradition pour crimes ou délits et qui soit, en ce qui concerne le pays en question, un délit passible d'extradition aux termes de la loi d'extradition de 1870 ;

d) Si un décret d'expulsion a été pris contre lui en vertu de cette loi.

On voit que des considérations d'économie nationale ont très nettement inspiré cette législation.

C'est ainsi encore que la France, abordant la question des accidents du travail par la loi du 9 avril 1898, malgré le principe de l'assimilation posé dans l'article 1er, édictait dans l'article 3 des dispositions spéciales concernant les ouvriers étrangers moins favorablement traités dans certaines hypothèses.

De même pour la solution du problème des retraites, une cotisation plus élevée est demandée aux patrons employant des ouvriers étrangers (1).

Enfin la série de propositions concernant la protection du travail national, toujours à l'ordre du jour dans les sessions successives de notre Chambre française, est encore une preuve de la même tendance (2).

Ainsi la législation interne, dans la mesure où elle cou-

____

(1) Voir *infrà*, p. 101.

(2) Cf. Rapport Mas du 26 novembre 1903, *Doc. parl.*, Chambre, n° 1322, *J. O.*, 1905, p. 176 ; Mas, « La main-d'œuvre étrangère », *Revue politique et parlementaire*, 10 mars 1904. — La question n'est d'ailleurs pas venue en discussion devant la législature (1902-1906).

court à l'élaboration du droit international ouvrier, oriente celui-ci vers une différence plus ou moins marquée de traitement entre les ouvriers nationaux et les ouvriers étrangers.

b) *La jurisprudence.* — La jurisprudence, quoique à un moindre degré, agit dans le même sens et tend à faire prédominer dans ces délicates questions la tendance nationale.

C'est ainsi, par exemple, que l'on a vu la jurisprudence française écarter, à regret peut-être, mais enfin écarter l'article 1382 du Code civil comme voie de recours ouverte aux représentants de l'ouvrier étranger auxquels la loi de 1898 refusait toute action lorsqu'au moment de l'accident ils ne résidaient pas en territoire français. C'était la solution conforme aux principes juridiques sans doute, mais des considérations d'équité et de justice sociale n'auraient-elles pas permis sur ce point une correction à la rigueur de la loi (1).

De même dans l'application de l'article 3 de cette même loi du 9 avril 1898, la jurisprudence française s'est montrée

(1) Arrêt Cass., 16 novembre 1903, *Rec. doc. sur les accidents du travail*, publiés par le ministère du commerce, t. IV, p. 144.

« Attendu que les représentants de l'ouvrier étranger mort victime d'un accident du travail ont en principe les mêmes droits que les représentants d'un ouvrier français, mais qu'ils ne sauraient en invoquer aucun autre pour se soustraire à la fin de non-recevoir formelle, résultant de la règle ainsi établie ; que le législateur n'a point entendu admettre à cette règle une exception à raison de la disposition toute spéciale, *assurément rigoureuse, mais d'une rigueur voulue et réfléchie*, qui exclut de toute attribution d'indemnité, quand ils ne résident pas sur le territoire français, au moment de l'accident, les représentants de l'ouvrier étranger. »

Cf. aussi cet attendu de l'arrêt de la Cour d'appel de Chambéry, 21 janvier 1902, qui était frappé de pourvoi :

« Attendu, qu'en l'espèce, l'action de la veuve G... se heurte à *cette fin de non-recevoir absolue*, « *Dura lex sed lex* ».

plutôt rigoureuse, en tranchant contre l'ouvrier étranger certaines questions douteuses, non expressément résolues par le texte de la loi : par exemple,cet arrêt de la Cour d'appel de Douai du 14 novembre 1900 (1), dont voici le sommaire :

L'ouvrier étranger qui ne résidait pas en France au moment de l'accident est assimilable à celui qui a cessé d'y résider depuis l'accident : il sera donc indemnisé par le payement d'un capital égal à trois fois la rente.

Et il importe peu que cet ouvrier ait depuis l'accident loué une maison en France, si d'ailleurs il ne justifie pas avoir obtenu l'autorisation d'y établir son domicile.

Témoin encore cette autre décision de la Cour de Chambéry du 13 août 1902 (2) :

« Attendu toutefois que c'est mal à propos que les parties demandent qu'il soit fait état des frères et sœurs de celui-ci (le représentant de la victime résidant en France au moment de l'accident) ; qu'aux termes de l'article 3 lettre B de la loi du 9 avril 1898 la pension doit être calculée sur le salaire annuel de la victime à raison de 15 0/0 du salaire s'il n'y a qu'un enfant, de 25 0/0 s'il y en a deux, de 35 0/0 s'il y en a trois et de 40 0/0 s'il y en a quatre ou un plus grand nombre ; que cette disposition, d'après son sens le plus naturel et le seul logique, vise exclusivement les enfants ayant un

---

(1) *Rec. doc. sur les accidents du travail*, publiés par le ministère du commerce, t. I, p. 679. — Cf. Trib. Lille, 8 mars 1900 et Cour d'appel de Douai, 18 juillet 1900, S. 1901.2.45.

(2) S. 06.2.9. — Sur cette difficile question du mode de calcul, voir la note sous l'arrêt cité et aussi Raynaud, *Accidents du travail des ouvriers étrangers*, p. 68. — Dans l'espèce citée, la rente fut ainsi calculée comme si l'ouvrier victime de l'accident n'avait eu qu'un enfant — soit 15 0/0 — alors qu'il en avait d'autres vivants en Italie.

droit personnel quelconque au bénéfice de la loi, c'est-à-dire ceux résidant en France à l'époque de l'accident ;

« Que s'il y en a plusieurs, leur pension doit être calculée collectivement, et que s'il n'y en a qu'un, elle sera fixée à un tant pour cent sur le salaire de la victime, sans que dans l'un ni dans l'autre cas, *on ait à tenir compte* des enfants résidant à l'étranger. »

Ici encore, une jurisprudence moins absorbée par le point de vue national n'aurait-elle pas pu tenir compte du représentant de la victime résidant à l'étranger au moment de l'accident et peut-être, par un effort assez prétorien, corriger l'injustice de la loi sur ce point, en accroissant d'autant la part des représentants résidant en France.

On pourrait multiplier ces exemples (1) ; ils suffisent à montrer, sans d'ailleurs qu'on puisse généraliser outre mesure, comment la jurisprudence française en ces matières suit fidèlement la loi et tend à entraîner le droit international ouvrier dans la même direction essentiellement nationale.

Des exemples analogues pourraient être tirés de l'examen des jurisprudences étrangères (2).

En résumé, la jurisprudence suit la loi et obéit comme elle à la tendance nationale.

Dans les mesures donc où elle est appelée à collaborer

(1) Cf. sur d'autres points : C. Aix, *Recueil Villetard de Prunières*, p. 131, juillet 1901 ; Trib. civ. Nice, 2 janvier 1901, *Rec. doc. accid. du travail*, publiés par le ministère du commerce, t. IV, p. 228 ; Trib. corr. de Forcalquier, 8 juin 1895, *Revue de dr. intern.*, 1896, p. 251 ; Trib. corr. de Valenciennes, 13 décembre 1895, *La Loi*, 31 janvier 1896 ; Douai, 14 novembre 1900, *J. Clunet*, 1901, p. 526.

(2) Cour suprême de Michigan, *American Law Review*, t. XXXI, p. 625 et les autres décisions rapportées plus loin à propos des conflits de lois en matière d'accidents du travail.

à la formation du droit international ouvrier, il est à craindre que son action ne se fasse sentir dans le même sens et n'oriente celui-ci vers un idéal plus national qu'humain, plus particulariste qu'international.

c) *Le traité.* — Par contre, ce troisième élément de formation du droit nouveau agit nettement dans le sens de la tendance que nous avons qualifiée d'internationale.

Il faut remarquer d'ailleurs que cette action est d'autant plus sûre et plus efficace qu'elle se montre plus modérée, en préconisant l'idée de réciprocité. Grâce au mécanisme des traités, la tendance internationale a chance de se réaliser précisément dans la mesure où elle est possible. Ce n'est pas en effet au sort de l'ouvrier étranger d'une manière générale que le traité se réfère, mais spécialement à la situation des ouvriers nationaux des deux puissances contractantes : chaque pays naturellement n'entend consentir des avantages qu'en obtenant en revanche des avantages corrélatifs. La réciprocité diplomatique a ainsi pour résultat d'aboutir à ce qui est le plus favorable aux ouvriers des deux pays contractants travaillant à l'étranger.

C'est ainsi par exemple que le résultat du traité de travail franco-italien a été l'assimilation des ouvriers français travaillant en Italie aux ouvriers italiens et celle des ouvriers italiens travaillant en France aux ouvriers français au point de vue de la réparation des accidents du travail.

Or les traités deviennent précisément chaque jour le facteur prépondérant dans l'évolution du droit international ouvrier. Ils amènent même sur certains points des corrections et des améliorations de la législation interne : par exemple le traité franco-italien a amené une modification législative de l'article 3 de la loi de 1898, opérée par la loi du 31 mars 1905, précisément pour mettre notre législation sur les accidents en harmonie avec nos engagements internationaux.

L'article 3 de la loi de 1898 a été modifié par l'adjonction d'un nouveau paragraphe qui porte :

« Les dispositions des trois alinéas précédents (1) pourront toutefois être modifiées par traités, dans la limite des indemnités prévues au présent article, pour les étrangers dont les pays d'origine garantiraient à nos nationaux des avantages équivalents. »

Heureusement, puisque telle est l'influence favorable des traités et des accords internationaux, leur nombre va sans cesse en augmentant. Indépendamment de ceux tous récents énumérés ci-dessus, de nombreux projets sont à l'étude.

Pour ce qui est de la France d'abord, on signale (2) deux nouveaux arrangements prévus d'ailleurs par le traité franco-italien :

L'un est relatif aux détails de la réciprocité en matière d'accidents ;

L'autre concerne les garanties à prendre pour éviter les substitutions de personnes et les faux certificats grâce auxquels de jeunes ouvriers italiens, n'ayant pas l'âge d'admission au travail, ont pu être embauchés dans des usines françaises, trompant la bonne foi du maire, des consuls et des industriels (3).

Des traités de travail sont en voie de négociation avec la Belgique et le Luxembourg portant tous deux sur l'application des législations relatives aux accidents du travail (4).

(1) Ce sont les dispositions restrictives des droits de l'ouvrier étranger en général.

(2) *Temps*, 27 janvier 1906.

(3) Cf. à ce propos le roman de M. Ed. Rod : « Un vainqueur », *Revue des Deux-Mondes*, 1904.

(4) *Temps*, 27 janvier 1906.

A l'étranger, la diffusion des traités se poursuit également.

On signale (1) un accord projeté entre l'Italie, la Suisse, l'Autriche-Hongrie, la Belgique et l'Empire d'Allemagne pour arriver dans ces pays à la réduction simultanée du travail des ouvrières de fabrique à 10 heures par jour.

M. le comte Posadowsky, secrétaire d'Etat, répondait au Reichstag dans la séance du 7 février 1905, à une interpellation de M. Trimhorn, député du Centre, sur la réduction de la journée de travail en Allemagne, en rappelant que le gouvernement allemand préparait un travail sur la question des heures de travail.

Il ajoutait :

« Quand ce travail sera prêt, les gouvernements fédérés se livreront à un examen sérieux et approfondi de la question de savoir si la durée du travail ne pourrait pas être réduite pour les ouvrières en admettant un certain délai de transition. Mais, là aussi, la question de la concurrence étrangère a une importance exceptionnelle. C'est pourquoi j'ai fait pressentir par le ministre des affaires étrangères les gouvernements d'Italie, de Suisse, d'Autriche-Hongrie et de Belgique sur l'accueil qu'ils feraient à la proposition d'avancer simultanément en ce qui concerne la durée du travail. La Suisse a déjà fait parvenir une réponse favorable, je dirais presque son acquiescement. La réduction des heures de travail pour les ouvriers atteindrait particulièrement notre industrie textile. Un délai approprié est par suite nécessaire. S'il est possible de faire ce pas de concert avec les quatre Etats concurrents, je suis d'avis que les craintes qui ont été exprimées au sujet de la concurrence internationale ou seraient essentiellement affaiblies ou tom-

____

(1) *Bulletin de l'Office du travail*, avril 1905, p. 331.

beraient entièrement. Nous voulons espérer que ces négociations aboutiront à un résultat favorable. »

On parle également d'un projet franco-belge : la convention est à l'étude relativement aux accidents du travail dans les deux pays depuis un assez grand nombre de mois.

De même il est question de convention entre la Belgique et l'Allemagne d'une part, entre la Belgique et les Pays-Bas d'autre part, toujours sur le même objet (1).

Bref, le traité de travail tend aujourd'hui à se généraliser (2) et à dominer dans la formation du droit international ouvrier.

Ce développement peut permettre d'augurer favorablement de l'orientation du droit nouveau vers l'assimilation plus ou moins parfaite des ouvriers étrangers aux ouvriers nationaux.

(1) *Revue de droit international privé*, 1905, p. 224.
(2) Encore un exemple curieux : lors de la construction du tunnel de Simplon, la Suisse et l'Italie passèrent une convention spéciale pour les accidents du travail survenus pendant le cours d'exécution de la ligne. — Cf. *J. Clunet*, 1905, p. 506.

Quoi qu'il en soit, de ces perspectives d'avenir, le rapide examen auquel nous venons de nous livrer nous a montré combien le droit international ouvrier était encore à l'état de formation.

Cet état rudimentaire d'une discipline nouvelle fait à la fois son intérêt et sa difficulté.

Son intérêt : n'est-ce pas captivant en effet, et au suprême degré, d'assister à la genèse du droit nouveau, d'en suivre pas à pas les progrès, de se réjouir des solutions trouvées, de marquer les arrêts nécessaires, d'aider enfin à l'élaboration du droit.

Sa difficulté aussi : car tout est nouveau dans la matière et date à peine d'hier. Quelques jalons sont déjà posés ! Quelques règles établies, mais les vides sont immenses; et comme autrefois les cartes du continent africain bien des espaces sont en blanc, bien des régions restent à découvrir.

C'est à l'étude de ces pays à peine explorés que les pages qui vont suivre seront consacrées. Nous nous excusons d'avance des lacunes ou des obscurités inhérentes au sujet lui-même. Mais comme autrefois les explorateurs portugais et espagnols partaient pour conquérir de nouvelles provinces à la foi catholique, nous avons pour soutenir notre ardeur, la conviction intime que ces questions sont d'une importance vitale et d'une actualité urgente, puisqu'il ne s'agit de rien moins après tout que du progrès social et de pacifiques conquêtes, d'une marche lente mais sûre vers un rêve, bientôt réalisé, de justice internationale.

ESQUISSE D'UNE DIVISION RATIONNELLE
DU DROIT INTERNATIONAL OUVRIER

Le Droit international ouvrier est aujourd'hui à l'état de formation : il est trop tôt sans doute pour en tenter un exposé complet et systématique. Cependant il est nécessaire de mettre un peu d'ordre dans ce désordre, de classer tous les nouveaux problèmes qui se posent et dont la solution se poursuit actuellement. Le but de la présente étude sera simplement de sérier les problèmes, en indiquant sur chaque point le degré d'élaboration à l'heure présente.

Le fait économique qui donne naissance au droit international ouvrier est la mobilisation croissante de la main-d'œuvre ouvrière à notre époque : un grand nombre d'ouvriers étrangers arrivent dans un pays pour y trouver de l'ouvrage. Quelle va être la situation faite à ces ouvriers étrangers, tel est le problème très général que se propose de résoudre le droit nouveau ?

Or la situation de ces ouvriers est d'abord réglée par la législation nationale du pays où ils viennent travailler, que cette législation soit d'ailleurs formulée en termes formels ou qu'elle résulte des principes généraux du droit. En un mot, il y a d'abord à considérer ce que l'on peut appeler la *législation nationale* de chaque pays.

D'autre part, les puissances auxquelles ces ouvriers appartiennent, leurs pays d'origine, ont intérêt à ce que cette situation de leurs nationaux soit la meilleure possible : mais ici ils se heurtent à la souveraineté nationale, à l'autonomie des pays où leurs ressortissants travaillent. Le seul moyen d'obtenir quelque résultat à cet égard est donc de composer avec cette souveraineté, de passer avec elle des accords et des traités. De là ce que l'on peut appeler la *législation internationale*.

Législation nationale et législation internationale, telles sont les deux grandes parties du droit international ouvrier. Sans doute, cette division est prise sur la réalité même des faits et correspond aux deux tendances qui se disputent l'avenir du droit nouveau. C'est, si l'on peut dire, un point de vue dynamique, temporaire sans doute, mais le seul qui permette actuellement de classer les faits et de sérier les problèmes.

Reprenons ces deux parties et voyons quels sont les problèmes qu'elles renferment.

LA LÉGISLATION NATIONALE.

La législation nationale comprend les solutions qui résultent uniquement de la législation interne de chaque pays.

Or à cet égard bien des problèmes se posent : — d'abord et ce sera la première des subdivisions — l'ouvrier étranger aura-t-il le droit de venir ainsi travailler en France ? Pourra-t-il y trouver du travail ? Lui reconnaîtra-t-on le droit de s'y employer et d'y gagner sa vie par son travail ? C'est le problème connu déjà sous le nom de problème *de la main-d'œuvre étrangère.*

Actuellement les principales puissances civilisées de l'Europe ont toutes reconnu ce droit aux ouvriers étrangers (1) ; seulement elles le subordonnent à certaines conditions (2).

Mais ailleurs, dans les pays neufs, en Nouvelle-Zélande par exemple, ou même aux Etats-Unis (Loi fédérale du 17 mars 1894), ce droit est formellement refusé à certaines catégories d'étrangers, aux Chinois notamment (3).

On pourrait assez justement comparer ce premier problème au problème de la nationalité en droit international

(1) Pour les temps modernes, ce droit résulte en France du décret des 2-17 mars 1791 établissant la liberté du travail.

(2) Cf. notre loi française du 8 août 1893, exigeant une déclaration de résidence, sans sanction bien efficace d'ailleurs. — Cf. Pic, *Traité de législation industrielle*, p. 153 et suiv.

(3) Cf. Cailleux, *La question chinoise aux Etats-Unis et dans les possessions des puissances européennes*, 1 vol. Paris, Rousseau, 1898.

privé : de même que les Etats ont fixé certaines règles soit pour l'acquisition de la nationalité originaire, soit pour la naturalisation, de même ils réglementent aussi cette sorte d'acte de naissance des travailleurs étrangers, qui est l'immigration.

Cette partie du droit international ouvrier, en raison même de l'acuité des problèmes économiques qu'elle soulève, est une de celles qui est de beaucoup la plus avancée (1).

Tel est le premier problème.

Vient ensuite la *situation juridique des ouvriers étrangers* (2). Quels sont surtout les droits intéressant le travail qui leur sont reconnus : droit d'association professionnelle,

(1) Une bibliographie très abondante existe sur cette question : Cf. *Tables Clunet*, III, V° *Emigration*, p. 731 ; IV, V° *Vie internationale*, p. 1053 et V° *Xénonomie*, IV, p. 1075. — Cf. également pour 1905 : « Bibliographie générale du droit international privé et du droit pénal international », *Rev. de dr. int. privé*, 1905, p. 871.

Nous citerons spécialement : A. Blanc, *L'immigration en France et le travail national.* Th. Lyon, 1901 ; Chandèze, *De l'intervention des pouvoirs publics dans l'émigration ou l'immigration au XIXe siècle*, 1898. — « The problem of the immigrant. A brief discussion, with a Summary of condition, laws, and regulations governing the movements of population to and from the British Empire, United States, France, Belgium, etc..., 1 vol. in-8°, Londres, 1905 ; Turgeon, « Les droits de l'Etat et les droits de l'immigrant étranger », *Revue de dr. public*, 1894, p. 389-423 ; Bodio, *Notes sur la législation et la statistique comparée de l'émigration et de l'immigration* ; *Revue économique internationale*, 1905, vol. II, p. 345-372 ; A. Leroy-Beaulieu. « L'immigration et l'unité nationale aux Etats-Unis », *Réf. sociale*, 1905, 1er sem., p. 269 et 389.

(2) Cf. Pic, « La condition juridique des travailleurs étrangers », *Journ. de dr. int. privé*, 1905, p. 273 et 860. — Plus anciennement : Paul Leroy-Beaulieu, « La question des étrangers en France au point de vue économique », *Journ. de dr. int. privé*, 1888, p. 169 ; P. Pic, « La condition légale des étrangers en France », *Rev. d'Ec. polit.*, 1902, p. 481.

droit de grève, etc... Dans quelle mesure les lois déterminant la durée du travail, ou plus généralement les lois protectrices du travail s'appliquent-elles à l'ouvrier étranger?

A cet égard notre droit français est, on peut le dire, très avancé et dans la généralité des cas, c'est l'assimilation de l'étranger au Français qui est la solution adoptée.

Enfin, et en faisant s'il y a lieu une place spéciale à cette question qui se rattache cependant logiquement à la précédente, dans quelle mesure les ouvriers étrangers sont-ils admis à jouir des bénéfices *des assurances sociales*. Quelles sont à cet égard les dispositions du droit interne et quelles réformes seraient désirables ? (1).

A ce troisième point de vue, la tendance du droit français actuel serait, tout en ne refusant pas le bénéfice de l'assurance à l'ouvrier étranger, de lui constituer cependant un régime spécial qui n'est pas identique au régime de l'ouvrier français (2).

Ainsi, main-d'œuvre étrangère,

Situation juridique des ouvriers étrangers,

Assurances sociales,

telles sont les trois principales questions de la législation nationale. Les trois catégories de problèmes sont, nous l'avons vu, inégalement explorées : alors que les deux premiers problèmes, la main-d'œuvre étrangère surtout, sont aujourd'hui connus et bien étudiés, le problème des assurances

(1) Raynaud, *Les accidents du travail des ouvriers étrangers*, 1902 ; Weiss, *Traité théorique et pratique de dr. intern. privé*, t. II, p. 137 et suiv.

(2) Cf. article 3, dernier paragraphe, modifié par la loi du 31 mars 1905, de la loi du 9 avril 1898. — Cf. également article 4 du projet de loi sur les retraites voté par la Chambre des députés, 25 janvier 1906. — Cf. *infrà*, p. 101, 113, 121.

sociales est tout nouveau et l'on est loin encore d'être d'accord sur les principes qui devront dominer sa solution.

Quoi qu'il en soit, sur ces divers points la législation interne a pris position et apporte aux questions des réponses, pas toujours les plus favorables aux intéressés, mais enfin des réponses.

II

LA LÉGISLATION INTERNATIONALE.

Il est un second ordre de questions que nous avons groupées sous la dénomination générique de législation *internationale* ; nous entendons par là l'influence exercée par les Etats étrangers sur la situation de leurs ressortissants dans l'Etat où ces ressortissants travaillent.

Pour concevoir l'action de cette influence, le plus simple est encore d'examiner toutes les hypothèses en allant du simple au composé.

D'abord, et c'est le premier stade, l'Etat duquel ressortissent les ouvriers intéressés peut s'entendre, par accord ou traité, avec l'Etat sur le territoire duquel ces ouvriers travaillent et stipuler pour eux des conditions plus favorables.

En principe, tous les points de la législation nationale peuvent ainsi faire l'objet de traités.

C'est ainsi que l'on a vu des conventions relatives à l'admission de la main-d'œuvre étrangère (1) ;

Des conventions concernant dans leur ensemble les droits reconnus aux travailleurs étrangers (2) ;

Enfin des conventions portant plus spécialement et exclu-

---

(1) Traités entre la Chine et les Etats-Unis du 17 novembre 1880, du 12 mars 1888 et du 17 mai 1894. *Journal de droit international public*, 1894.

(2) V. *infrà*, Traité de travail franco-italien, annexe I.

sivement sur une ou plusieurs des assurances ouvrières (1).

Cependant ces différents problèmes se prêtent plus ou moins à la solution par traité, selon qu'ils mettent en jeu ou non la question de l'autonomie et de la liberté des Etats : ainsi les questions d'immigration étrangère sont moins souvent réglementées par traité que les questions d'assurances.

Nous appellerons tous ces traités, quel que soit d'ailleurs leur objet : *Traités de travail.*

Enfin le problème se complique et donne naissance à un nouvel ordre de questions : celui de la protection légale internationale. Voici comment : on sait que l'établissement d'une législation protectrice du travail dans chaque pays a sa répercussion directe et immédiate sur le coût de production et influe sur la concurrence internationale. De là l'idée d'une entente ou d'un accord de tous les pays intéressés pour régler d'accord et réglementer d'ensemble certaines questions de protection légale particulièrement délicates et particulièrement importantes au point de vue de la protection légale, comme le travail de nuit des femmes, la question de limitation du travail des adultes ou un jour peut-être la question du travail à domicile.

Ce domaine est le plus nouveau et aussi le plus inexploré du droit international ouvrier.

C'est à peine si l'on peut marquer quelques points acquis qui jalonnent très faiblement la route à suivre.

L'essentiel ici est d'insister sur les difficultés à résoudre : deux frappent dès l'abord :

D'une part, la difficulté d'arriver à un consentement unanime des puissances dans des questions où toutes sont in-

---

(1) *Ibid.*, annexes IV, V, VI et VII. — Cf. *Congrès des accidents du travail*, Vienne, 1905.

téressées et lorsque toutes sont inégalement avancées dans la voie de la protection du travail : c'est ainsi que les deux bases de convention posées par la Conférence de Berne n'ont obtenu, ni l'une ni l'autre, l'unanimité des signatures des Etats représentés.

Pour l'interdiction du phosphore, c'est la Grande-Bretagne qui ne considère pas comme nécessaire la prohibition complète de l'usage du phosphore jaune : « Ce que nous considérons comme nécessaire, dit le délégué de ce pays, c'est l'application des règlements et spécialement la visite obligatoire des dents des ouvriers.» C'est la Suède qui refuse de s'engager à raison de son commerce d'exportation pour lequel elle a maintenu l'usage du phosphore blanc (1).

Pour l'interdiction du travail de nuit, l'Angleterre et la Suède, l'Angleterre ne veut pas s'engager, d'ailleurs toutes les lois anglaises actuelles assurent à toutes les ouvrières un temps de repos supérieur à 11 heures ; le représentant de la Suède n'a les pouvoirs que pour signer une convention *ad referendum* (2).

D'autre part, et c'est la seconde difficulté — l'impossibilité au moins quant à présent — d'un contrôle international des décisions adoptées par les puissances.

De même qu'en droit industriel la loi est vaine et inefficace sans l'inspection du travail, de même en droit interna-

---

(1) Le Danemark refuse également de signer, mais c'est parce que la réforme est déjà accomplie chez lui et la convention dès lors sans intérêt pratique ; la Norvège refuse également pour des raisons analogues à la Suède. — Cf. *Actes et procès-verbaux officiels de la Conférence*. Annexe IX.

(2) Ces refus purement temporaires n'entravent en rien le succès de la Conférence et le résultat obtenu par la seconde convention.

tional ouvrier, la convention internationale sera inefficace sans un moyen de contrôle quelconque.

Ce moyen on ne l'aperçoit pas pour le présent : on n'en est encore qu'aux vœux tout à fait préliminaires, témoin ce vœu de la Conférence de Berne (1905).

« Il est à désirer qu'une autorité de surveillance chargée de contrôler l'interdiction du travail de nuit des femmes soit instituée, ou s'il y a lieu perfectionnée par chacune des parties contractantes, de manière qu'elle offre toute garantie pour la stricte observation de ses dispositions. Il est à désirer que les divers Etats échangent entre eux les rapports annuels de leurs inspecteurs » (1).

La communication des rapports annuels des inspecteurs, voilà où en est le contrôle international. Il n'y a pas lieu cependant de s'effrayer outre mesure de cette difficulté : peut-être faudra-t-il s'inspirer pour la résoudre du récent exemple du traité de travail franco-italien. L'Italie, en échange d'avantages obtenus pour ses nationaux, prenait des engagements relatifs aux progrès de sa législation ouvrière et à l'organisation de son inspection du travail.

Un jour viendra peut-être où les nations les plus avancées au point de vue de la protection ouvrière, les plus résolues aussi à marcher dans cette voie, obtiendront par traité des engagements fermes d'autres nations plus arriérées ; la menace de perdre les avantages ainsi obtenus (2) pourra

(1) Le vœu fut d'ailleurs proposé par M. Millerand, un des représentants de la France à la Conférence de Berne. *Bulletin de l'Office du travail*, 1905, p. 536.

(2) Cf. par exemple l'article 5 du traité franco-italien : « Chacune des deux parties contractantes se réserve la faculté de dénoncer à tout époque la présente convention et les arrangements prévus à l'article 1ᵉʳ, en faisant connaître son intention un an d'avance ; *s'il y avait lieu de reconnaître, que la législation relative au travail des femmes et*

être un stimulant à l'action de chaque Etat et tenir lieu de contrôle international dans une certaine mesure.

En somme et pour conclure, des deux parties qui nous semblent former le droit international ouvrier, la législation nationale est de beaucoup la plus avancée. La législation internationale, c'est-à-dire, encore une fois, la législation applicable aux étrangers du fait de traités ou d'engagements internationaux, est encore dans l'enfance, bien que les traités de travail aient pris ces tous derniers temps une remarquable extension.

Puissent ces cadres se remplir le plus vite possible ! Puissent tous ces problèmes sociaux trouver leur solution par l'étude et par l'accord pacifique des intéressés ! Puisse enfin le droit international ouvrier s'élaborer progressivement pour apporter aux individus, aux nations et à l'humanité entière le bien-être et la paix !

Mais sur tous ces points, l'avenir seul nous apportera, au cours de l'évolution économique, les solutions viables et les réponses attendues aux difficultés de l'heure présente.

des enfants n'a pas été respectée par l'autre partie sur les points énoncés spécialement à l'article 4, alinéa 2, faute d'une inspection suffisante, ou que le législateur aura diminué sur les mêmes points la protection édictée en faveur des travailleurs. »

LA LÉGISLATION INTERNATIONALE
DU TRAVAIL (1).

Mesdames, Messieurs,

La Société des Amis de l'Université de Dijon m'a fait, en me conviant à vous adresser la parole ce soir, un honneur dont je ne me dissimule ni le prix ni la charge. Certes, ajouter à la brillante série de ses conférences une étude d'économie sociale est pour moi une précieuse faveur et je lui en adresse publiquement un très sincère merci. Mais d'autre part, c'est toujours une tentative dangereuse pour un professeur — et surtout pour un professeur d'hier — que de sortir de son cadre habituel et de tenter de défendre devant un public plus étendu des idées chères et une cause aimée.

Cependant, partout aujourd'hui se développe et grandit le goût des questions sociales. Les efforts se multiplient de toutes parts et sur tous les terrains pour améliorer la condition sociale des travailleurs et répandre autour de nous, avec plus de justice, plus de bonheur et plus de bien-être. C'est sur cette sympathie, *qui est vôtre,* je n'en doute pas, que je compte ce soir pour m'excuser de traiter devant vous le sujet que j'ai choisi : « La législation internationale du travail. »

Peut-être le trouverez-vous quelque peu lointain : la loi

(1) Conférence faite à la Société des Amis de l'Université de Dijon, le 20 février 1906.

aujourd'hui paraît souvent — et c'est un regret que je formule — hors de la sphère quotidienne de nos occupations. Ou si nous la rencontrons, c'est parfois pour nous gêner.

Ou bien, si vous êtes adversaires de l'intervention de l'Etat dans les questions ouvrières, direz-vous justement que c'est de l'étatisme à la seconde puissance et qu'il y a bien assez de toutes les lois, règlements, décrets concernant le travail sans y ajouter encore une législation internationale.

Ce seraient là, si j'ose dire, des préjugés que je vous demande d'écarter.

Il y a au contraire dans cette question une actualité immédiate, puisque c'est en l'année 1904 qu'a été signé le premier traité entre Etats concernant le travail et en l'année 1905 qu'on a abouti, à la Conférence de Berne, au premier accord international souscrit par 14 Etats.

D'autre part, et j'essayerai de vous le montrer — étant donné l'état actuel du marché qui n'est plus ni local, ni national, mais mondial — la législation internationale du travail, — et c'est ce qui fait son intérêt — est le corollaire absolument indispensable de toute législation nationale.

J'espère d'ailleurs vous en mieux convaincre en étudiant avec vous successivement la *nécessité de la législation internationale, les efforts pour la réaliser et enfin les résultats obtenus à ce jour* (1).

---

(1) BIBLIOGRAPHIE : « Conférence internationale de Berlin, 1890. Annexe au protocole n° 7 ». Ministère des affaires étrangères, Paris, Imprimerie Nationale, 1890. — Paul Pic, « Congrès international et Association internationale pour la protection légale des travailleurs, » *Revue d'Economie politique*, juillet 1901. — Cheysson, « La réglementation internationale du travail », *Réforme sociale*, 1890, p. 89 et p. 145. — G. Cohn, « Die Entwickelung des Bestrebungen für international en

Je m'excuse d'avance du caractère forcément un peu compliqué des développements qui vont suivre : la faute n'en sera pas à celui qui vous parle, mais bien à la nature même du sujet qui l'exige.

Arbeiterschutz », *Braun's Archiv fur sociale Gesetzgebung*, 1899. — G. Evert, « Der Arbeiterschutz und seine Entwickelung, im. 19 Jahrhundert », Berlin, 1899.

I

Que la législation internationale du travail soit aujourd'hui
une nécessité, c'est une vérité qui résulte à la fois de la situation intérieure de chaque pays et des relations internationales chaque jour plus étroites.

D'abord, c'est un fait aujourd'hui bien connu, que le mouvement de législation ouvrière dans chaque pays.

Pour ce qui est de la France, faut-il rappeler l'ensemble
des lois sur la durée du travail, et notamment la loi de 1900
fixant à 10 heures à partir du 1ᵉʳ avril 1904 la journée de
travail des enfants et des femmes, cette loi que vous avez
peut-être aperçue quelque jour, Mesdames, lorsque telle
couturière ou tel fournisseur a refusé une veillée, nécessaire
à votre point de vue, par crainte de l'inspecteur du travail.
Faut-il vous citer encore les lois protégeant le salaire, la loi
sur les accidents du travail de 1898, les lois plus récentes
d'hygiène et de santé publiques.

Il en est de même à l'étranger, dans la plupart des pays.

Au lieu de vous en faire une énumération aussi fastidieuse
qu'inutile, je me contenterai de vous faire remarquer que
ces lois ouvrières sont aujourd'hui heureusement si nombreuses dans tous les pays, que leur recueil publié chaque
année par l'Office du travail belge constitue un gros volume
in-8 de plus de 1000 pages.

Toute cette législation, pour nécessaire qu'elle soit, ne
va pas sans avoir une action très marquée sur la producti-
vité du travail. Que l'on travaille 10 heures par exemple au

lieu de 11 heures ; que l'on augmente les frais généraux de l'industrie hier par une assurance obligatoire contre les accidents, demain par une cotisation imposée au patron pour le retraite, on agit forcément sur le prix de revient du produit.

Or le prix de revient du produit, c'est la base même du commerce, surtout au point de vue des échanges internationaux.

Comparez par exemple la situation d'un industriel français avec les charges multiples qui lui incombent du fait de la législation ouvrière avec celle d'un industriel, italien ou espagnol, par exemple, d'un industriel de ces pays où la législation ouvrière est loin d'être aussi avancée. Il est certain qu'au point de vue de la concurrence, de la conservation ou de la conquête des marchés à l'étranger, la situation du premier, de l'industriel français, sera beaucoup plus onéreuse que celle des seconds, de l'industriel italien ou espagnol.

Le commerce international, avec l'âpreté de la concurrence, est aujourd'hui vraiment assimilable à un champ de courses, où chacun arrive, comme les chevaux, avec des conditions de succès bien inégales : la justice veut que par des poids en surcharge, on égalise les chances et c'est pourquoi avant de courir, les chevaux passent au pesage.

Eh bien ! la législation internationale du travail est à peu près dans ces luttes énormes entre pays ce qu'est le pesage pour les chevaux de course. Elle est nécessaire pour égaliser les chances et répartir les charges équitablement et proportionnellement sur tous.

En voulez-vous une preuve expérimentale authentique :

En 1884, en Suisse, se constitue la Fédération des brodeurs de la Suisse orientale et du Vorarlberg ; cette association professionnelle édicte des conditions de travail meilleures quant au salaire et quant à la durée de la journée de travail pour tous les ouvriers suisses de l'industrie de la broderie mécanique : par là même les conditions de la concurrence des dentelles suisses sont rendues plus difficiles en face des industries similaires d'Allemagne et d'Autriche qui n'étaient pas soumises au même régime. Cette concurrence insoutenable amène l'échec de la Fédération Suisse (1).

Plus récemment encore, en France même, en 1904, lorsqu'il s'est agi d'arriver à la durée du travail de 10 heures pour les femmes et les enfants, de vives et nombreuses réclamations se firent entendre, déclarant ce dernier palier de la loi de 1900 impossible à soutenir pour l'industrie française et le Sénat vota même un remaniement et un adoucis· sement de la loi de 1900, justifié, disait-on, par les nécessités de la concurrence.

Je crois donc être en droit d'affirmer que la législati n internationale du travail est aujourd'hui une nécessité en raison de la concurrence internationale : elle est le *corollaire indispensable de la législation ouvrière dans chaque pays.*

Elle est encore nécessaire à un second point de vue, en raison des relations internationales chaque jour plus étroites.

C'est également un fait connu et indiscutable que l'abondance des ouvriers étrangers dans les principaux pays industriels.

Les statistiques sur ce point comme sur bien d'autres ne sont pas parfaites : cependant, le dernier recensement de 1901 relève une proportion en France de 1.037.778 étrangers sur une population totale de 38.965.945, soit 2.66 0/0. Sans doute sur ce nombre tous ne sont pas ouvriers, mais

_____

(1) Cf. R. Jay, *Etudes sur la question ouvrière en Suisse,* 1893 : « Une corporation moderne ».

beaucoup cependant viennent en France pour travailler. Je n'en veux pour preuve que les réclamations fréquentes, soit dans la presse, soit à la tribune contre la main-d'œuvre étrangère et les nombreuses demandes de protection du travail national.

Hier encore, l'Angleterre où le problème du chômage et des sans-travail joue un si grand rôle, votait une loi pour surveiller et réglementer l'immigration étrangère.

Je n'insiste pas : l'usage d'aller travailler à l'étranger, facilité par les voies de communication et les moyens de transport est aujourd'hui un fait très connu.

Dès lors, et c'est ici que vous allez voir de nouveau la nécessité de la législation internationale, quelle va être le sort fait dans chaque pays à l'ouvrier étranger.

Sans doute, la justice voudrait qu'on saluât en lui le travailleur et qu'il fût traité à tous égards comme l'ouvrier national. La justice sociale ne connaît ni Anglais, ni Français, ni Belges, ni Allemands : elle ne voit chez tous que le travailleur, l'homme qui vit de son salaire et que son salaire devrait faire vivre. Dans l'usine et devant l'outil, le traitement devrait, en bonne justice, être égal pour tous !

Telle serait la justice! Tel est le rêve impossible bien souvent en pratique. La France, fidèle toujours aux traditions de générosité et de noblesse, a presque réalisé l'assimilation totale, sans y pouvoir atteindre complètement. D'autres pays maintiennent un sort bien différent entre le national et l'étranger.

C'est pourquoi il est nécessaire que chaque patrie se préoccupe de ses fils qui sont au dehors et obtienne pour eux le meilleur traitement possible de la part de l'Etat où ils vivent.

Or ceci, Mesdames et Messieurs, ne se peut faire que par

accord ou par traité, par convention internationale. La législation internationale est donc à ce second point de vue nécessaire pour la protection des nationaux de chaque pays à l'étranger.

Vous le voyez, l'état social moderne et les relations économiques, posent de toute nécessité le problème de la législation internationale ?

Comment a-t-on essayé de le résoudre ? C'est ce qu'il nous faut voir dans une seconde partie.

II

La législation internationale, il ne faut pas se le dissimuler, est tout aussi difficile à organiser, qu'elle est nécessaire à établir. L'histoire des efforts tentés pour la réaliser nous le montrera.

Je me dispenserai de rechercher les origines très anciennes de cette idée de législation internationale. Dès 1811 le réformateur socialiste Robert Owen, plus tard Dolfus et Daniel Legrand au nom du groupe industriel de Mulhouse, en 1841, réclament une législation internationale . Mais l'idée devait rester longtemps dans le domaine théorique. Ce ne fut que dans les vingt dernières années du xixe siècle qu'elle passa vraiment sur le terrain de la réalisation pratique.

On peut à cet égard signaler dès 1881 une première initiative prise par la Suisse pour réunir une conférence des principaux Etats de l'Europe ayant pour objet de réglementer les questions de travail. Cette initiative ne fut pas couronnée de succès, sans doute parce que l'idée était trop nouvelle ou que la perspective quelque peu chimérique d'une législation commune à élaborer de toutes pièces effrayait les puissances.

En 1889 nouvelle initiative de la Suisse : appel du pouvoir fédéral aux divers Etats. Mais au moment où ceux-ci commençaient à peine à envoyer leurs adhésions, l'empereur d'Allemagne, Guillaume II, par ses fameux rescrits, convoque à Berlin une conférence pour étudier les bases d'une réglementation internationale du travail. La Suisse s'incline et se rallie à l'initiative impériale.

La Conférence se réunit à Berlin du 15 au 22 mars 1890.

On y voit les représentants de 14 Etats : la France, l'Angleterre, la Belgique, la Suisse, l'Allemagne, l'Autriche, l'Italie, le Danemark, les Pays-Bas, le Portugal, la Suède, la Norvège, l'Espagne et le Luxembourg.

Seule la Russie avait répondu par une abstention. L'ordre du jour des travaux comporte quatre questions :

Travail du dimanche ;

Travail des femmes et des enfants ;

Travail des mines ;

Mesures exécutoires

A la Conférence, les Etats bientôt se séparent en trois groupes :

A gauche l'Allemagne et la Suisse, très autoritaires et poursuivant l'idéal d'une réglementation uniforme internationale.

Au centre la Grande-Bretagne, la France et la Belgique qui font toutes réserves et se déclarent favorables à l'initiative isolée et privée de chaque Etat plutôt qu'à un accord.

Enfin à droite une série d'Etats, moins avancés encore au point de vue de la réglementation légale, qui se déclarent dans l'impossibilité de suivre et d'arriver à l'accord.

Quelques vœux platoniques sont votés, mais sans qu'aucun texte vint lier les parties. Les différents vœux admis commencent par la formule : il est désirable que.....

Il semblait, avec l'échec de la Conférence de Berlin, que la cause de la législation internationale du travail eût reçu un coup mortel. Il n'en était rien. Ce qui a vraiment échoué à Berlin, c'est l'une des conceptions de cette législation, *la conception d'une législation uniforme.*

Il n'y a rien là d'ailleurs qui soit pour étonner : comment espérer la rédaction d'une législation unique, uniforme, identique pour tous les pays.

Tout s'y oppose :

La diversité des milieux d'abord, le tempérament de chaque peuple étant particulièrement original et spécial ;

Les différences de conditions physiques et économiques de l'industrie dans chaque pays ;

Enfin l'esprit d'autonomie de certains Etats qui ne veulent pas abdiquer leur souveraineté intérieure et paraître soumettre leur législation économique à une volonté étrangère. Il y a là une sorte de crainte d'immixtion réciproque dans les affaires intérieures, qui est une donnée du tempérament moderne des Etats.

L'échec de Berlin ne fut pas définitif, mais il marque une nouvelle orientation dans les efforts vers l'idéal poursuivi. Au lieu de mettre en jeu tout de suite et immédiatement les Etats, on songea à faire préparer leur œuvre par *l'initiative privée*.

Voyons les efforts dans cette nouvelle voie.

En 1897 un Congrès se tint à Zurich, sous le titre de *Congrès international pour la protection ouvrière*.

Le rapporteur reconnaît l'impossibilité d'obtenir une législation internationale par accord direct, par législation uniforme. Aussi faut-il tout d'abord créer un *Office international pour agir sur l'opinion et les Parlements*.

Le rapport, préconisant ainsi des mesures préparatoires, concluait à la formation immédiate de cet office international pour le cas où 3 Etats seraient prêts à collaborer à sa création.

Même sur ce point restreint, l'initiative officielle fit défaut et le Congrès de Zurich ne vit pas aboutir son vœu.

Pendant toutes les années qui suivent, c'est alors l'initiative privée qui prend en main la cause *de la législation internationale.*

Au Congrès de Bruxelles en 1897, réuni sous le nom de Congrès international de législation du travail, sont préparés les statuts d'une Association internationale pour la protection légale des travailleurs.

Mais elle ne fut fondée qu'en 1900 à Paris, à la suite du Congrès international pour la protection légale des travailleurs.

M. Cauwès donne la définition de la nouvelle Association dès sa naissance : « Elle sera un appareil enregistreur qui multipliera la force des courants. »

Et en effet, c'est cette puissante Association qui a depuis 1900 pris en main la cause de la législation internationale.

L'idée maîtresse de la nouvelle Association est double :

Elle est, d'une part, un centre d'informations ;

Elle est, d'autre part, si l'on peut dire, la commission volontaire sans doute, mais infiniment active des futurs congrès ; elle joue le rôle de *rapporteur* des projets d'accords diplomatiques relatifs au travail.

Un mot sur ce double rôle.

Comme centre d'informations, l'Association internationale pour la protection légale des travailleurs a établi un Office international (privé) dont le siège est en Suisse, à Bâle. Cet Office international a pour but de centraliser tous les documents possibles concernant la législation ouvrière et de servir de lien entre les législations nationales des différents pays.

En second lieu, ai-je dit, et c'est le rôle qui nous intéresse le plus, elle est en quelque sorte la commission chargée de préparer les accords diplomatiques relatifs au travail. Chaque année se réunit dans une ville désignée d'avance (1) l'assemblée générale de l'Association. Chaque section nationale y envoie ses délégués et dans ces assises pacifiques se prépare l'œuvre officielle qui sera ensuite accomplie par les représentants diplomatiques des puissances.

C'est ainsi que la Conférence de Berne (1905) à laquelle nous allons arriver tout à l'heure, a été préparée et réunie par les soins de l'Association internationale pour la protection légale des travailleurs.

Saluons, Mesdames et Messieurs, cette entreprise magnifique et nécessaire de l'Association internationale pour la protection légale des travailleurs et remercions-là de tous les efforts tentés et de tous les succès remportés pour la cause sainte de la paix et du progrès social !

L'Association internationale a tourné les difficultés et en face de la conception chimérique et impossible d'une législation uniforme et identique, elle a dressé le rêve — demain la réalité — d'une législation internationale du travail obtenue par une série d'accords diplomatiques qui permettent de tenir compte de toutes les différences de peuples à peuples et d'Etats à Etats.

En somme, au point de vue des efforts, on peut distinguer nettement deux périodes :

D'une part, les efforts pour réaliser la législation internationale par voie de législation directe, commune aux divers Etats. C'est l'échec.

D'autre part, des efforts de l'initiative privée, émerge l'idée neuve, féconde à notre sens, des traités ou conventions conclus entre les différents pays. La législation internationale a par là trouvé sa voie.

(1) Bàle, 1901 ; Cologne, 1902 ; Bàle, 1903 ; Bàle, 1904.

Après l'exposé de ces longs efforts, le moment est venu de nous demander : où en est aujourd'hui la législation internationale du travail ?

Pour vous l'indiquer, je me placerai successivement à deux points de vue :

1° L'intervention législative ;

2° Le sort des ouvriers étrangers.

C'étaient, vous vous le rappelez, les deux aspects sous lesquels la législation internationale du travail nous avait paru nécessaire. Qu'a-t-on fait à ce double point de vue ?

Pour le premier, les résultats bien que modestes, n'en sont pas moins certains.

En mai 1905 s'est réunie à Berne une conférence officielle où étaient représentés 15 Etats de l'Europe (1).

C'étaient la Suisse, l'Allemagne, l'Autriche-Hongrie, la Belgique, le Danemark, l'Espagne, la France, la Grande-Bretagne, la Grèce, l'Italie, le Luxembourg, les Pays-Bas, le Portugal, la Roumanie, la Serbie, la Suède et la Norvège.

Deux conventions furent signées :

L'une portant interdiction de l'emploi du phosphore blanc dans l'industrie des allumettes ;

(1) Cf. A. Millerand, *La Conférence officielle de Berne* (mai 1905), Paris, 1905. — Publication de l'Association nationale française pour la protection légale des travailleurs.

L'autre portant interdiction du travail de nuit des femmes employées dans l'industrie.

La première sur l'interdiction du phosphore blanc ne fut signée que par 11 des Etats représentés : le Danemark, la Grande-Bretagne, la Norvège et la Suède s'y refusèrent.

L'article 1er de cette convention est ainsi libellé :

« A partir du 1er janvier 1911, il sera interdit de fabriquer, d'introduire ou de mettre en vente des allumettes contenant du phosphore blanc. »

Sans doute le délai d'application de la convention est ainsi reculé, mais la cause en est dans la nécessité d'obtenir la ratification du Japon : la question, comme vous le voyez, n'est pas seulement européenne, mais mondiale.

La solution est peut-être différée mais elle n'en sera que meilleure, parce qu'elle sera plus solidement établie sur l'unanimité des différents Etats.

La seconde convention est à échéance moins lointaine : elle doit être mise en vigueur trois ans après le dépôt des ratifications.

Je me permets de vous en mettre le texte sous les yeux : vous y verrez comment, dans la mesure du possible, on a tenu compte des situations particulières à chaque pays.

Art. 1er. — Le travail industriel de nuit sera interdit à toutes les femmes, sans distinction d'âge, sous réserve des exceptions prévues ci-après.

La convention s'appliquera à toutes les entreprises industrielles où sont employés plus de dix ouvriers et ouvrières ; elle ne s'appliquera en aucun cas aux entreprises où ne sont employés que les membres de la famille.

A chacune des parties contractantes incombera le soin de définir ce qu'il faut entendre par entreprises industrielles. Dans celles-ci seront comprises les mines et car-

rières, ainsi que les industries de fabrication et de transformation des matières ; la législation nationale précisera
sur ce dernier point la limite entre l'industrie d'une part,
l'agriculture et le commerce d'autre part.

ART. 2. — Le repos de nuit visé à l'article précédent aura
une durée minimum de onze heures consécutives ; dans les
onze heures, quelle que soit la législation de chaque Etat,
devra être compris l'intervalle de 10 heures du soir à 5 heures du matin. Toutefois, dans les Etats où le travail de nuit
des femmes adultes employées dans l'industrie n'est pas
actuellement réglementé la durée du repos ininterrompu
pourra, à titre transitoire et pour une période de trois ans
au plus, être limitée à 10 heures.

ART. 3. — L'interdiction du travail de nuit pourra être levée :

1º En cas de force majeure, lorsque dans une entreprise
se produit une interruption du travail impossible à prévoir
et n'ayant pas un caractère périodique ;

2º Dans le cas où le travail s'applique à des matières susceptibles d'altération très rapide chaque fois que cela sera
nécessaire pour sauver ces matières d'une perte inévitable.

ART. 4. — Dans les industries soumises à l'influence des
saisons et, en cas de circonstances exceptionnelles pour
toute entreprise, la durée du repos ininterrompu de nuit
pourra être réduite à dix heures, 60 jours par an.

Sans doute, Mesdames et Messieurs, ceux qui, en ces
délicates matières, rêvent d'un résultat immédiat peuvent
trouver que, ici encore, le résultat est assez mince.

Mais ce reproche serait injuste et méconnaîtrait vraiment
la difficulté de la tâche à accomplir. Du travail des délégués, s'est dégagée avec une netteté croissante, de séance
en séance, la volonté d'aboutir à des résultats pratiques.

Ce résultat a été obtenu par la Convention dont je vous ai donné le texte.

D'ailleurs, comme l'a fort bien dit M. Millerand qui représentait la France à Berne, « cette première conférence est peut-être plus importante encore par les perspectives prochaines qu'elle nous ouvre que par le résultat immédiat qu'elle nous procure ».

La Conférence de Berne marque le premier pas dans une voie nouvelle et son succès présage la réunion de beaucoup d'autres conférences du même genre sur des sujets analogues.

Pour ce qui est du deuxième ordre de questions, celles concernant le sort des ouvriers étrangers, les résultats sont encore plus considérables. Je ne puis, faute de temps, que vous les indiquer sommairement :

En 1904 est signé le premier traité de travail concernant le sort des ouvriers étrangers et je suis heureux de constater, Mesdames et Messieurs, que la France, toujours au service des grandes et nobles causes, a la première donné l'exemple. C'est en effet le traité du 15 avril 1904, entre la France et l'Italie, qui a servi de type et de modèle aux autres traités qui depuis se multiplient d'une façon très rapide. Le traité contient, tant pour les ouvriers italiens en France que pour les ouvriers français en Italie, une série de mesures concernant l'épargne et les assurances ouvrières dans le détail desquelles je ne puis entrer ici, mais qui ont toutes pour objet commun d'améliorer et de fixer le sort des ouvriers étrangers.

Depuis cette date, les conventions de ce genre se multiplient :

C'est le traité italo-suisse du 13 juillet 1904, qui contient également des dispositions concernant les assurances ouvrières ;

C'est encore le traité italo-allemand du 3 décembre 1904 qui a un objet analogue ;

Enfin le traité du 19 janvier 1905 entre l'Allemagne et l'Autriche-Hongrie.

Je vous ferai remarquer que ces deux derniers accords sont contenus, en annexe en quelque sorte, dans les traités de commerce passés entre les deux pays qui les ont signés.

Enfin l'année dernière, en 1905, le mouvement se continue et deux nouvelles conventions apparaissent :

L'une du 15 avril 1905 entre le Grand-Duché du Luxembourg et la Belgique ;

L'autre du 2 septembre 1905 entre le Luxembourg et l'Allemagne.

L'économie générale de ces divers traités peut être définie d'un mot : tous établissent le système de la réciprocité, c'est-à-dire que chaque pays consent à un traitement de faveur au profit des ouvriers étrangers, en raison des avantages corrélatifs qu'il obtient pour ses nationaux. C'est ainsi par exemple que la France assimile les ouvriers italiens en France aux ouvriers français, parce que l'Italie de son côté place sur le même pied les ouvriers français en Italie et les ouvriers italiens.

L'instrument de la législation internationale est aujourd'hui trouvé : la multiplication des traités du travail pendant les deux dernières années 1904 et 1905 nous prouve qu'il est bon et bien approprié à son but.

*
* *

J'en ai ainsi fini, Mesdames et Messieurs, avec les résultats obtenus à ce jour de la législation internationale du travail. Je vous remercie en terminant de la bienveillante attention que vous m'avez accordée dans l'étude de ces questions compliquées et délicates.

Permettez moi de conclure brièvement. Je souhaiterais que vous emportiez de cette trop longue conférence une double impression.

D'abord *une impression de confiance en l'avenir*. A voir de si nobles et si louables efforts, on peut, on doit espérer qu'un jour viendra où lentement on arrivera à la solution des graves problèmes sociaux qui se posent à notre société contemporaine.

Et aussi *une impression de fierté nationale*. Pour être internationale, l'œuvre dont je viens de vous retracer les grandes lignes n'en est pas moins française à un double titre :

C'est à Paris qu'a été créée l'Association internationale pour la protection légale ;

C'est la France qui a signé le premier traité de travail.

Il est, il me semble, réconfortant, aux jours où l'idée de patrie est parfois si attaquée, de constater une fois de plus que la meilleure forme de l'amour de l'humanité et des tendances internationalistes est encore l'amour de notre patrie, l'amour de la France !

LE TRAITÉ DE TRAVAIL FRANCO-ITALIEN
DU 15 AVRIL 1904.

Ce traité de travail est le premier de ce genre qui ait été signé.

Depuis longtemps l'idée d'une réglementation internationale des questions relatives au travail avait été préconisée : elle fut émise pour la première fois en 1811 par Robert Oven, reprise après 1830 par Daniel Legrand, Bukhardt et Dolfus: J. Simon et Wolowski y reviennent au milieu du xixe siècle. L'Association internationale des travailleurs en fit en 1866 un des articles principaux de son programme. On estimait avec raison qu'une pareille entente, si elle devait se réaliser, aurait pour effet d'enlever aux adversaires de la protection légale des travailleurs un de leurs meilleurs arguments, le danger de la concurrence étrangère pour un pays qui s'engagerait seul et d'une manière efficace dans la voie de la réglementation.

L'idée sortit du pur domaine théorique avec le mouvement des Congrès internationaux. En 1889, le gouvernement helvétique adressa aux puissances une circulaire proposant la réunion à Berne d'une Conférence diplomatique pour arriver à une convention internationale sur le travail des fabriques. En même temps, l'empereur d'Allemagne, Guillaume II, lançait ses fameux rescrits du 5 février 1890 ; il se substitua ainsi à la Suisse et la Conférence se tint à Berlin

(1) Cette étude a été publiée dans le *Journal de droit international privé*, 1905, p. 306 et p. 571.

en 1890 (15-25 mars) : il s'agissait de poser les bases d'une entente internationale pour réglementer le travail des enfants et des femmes et le travail dans les mines : il n'y eut qu'un échange d'observations sans résultat pratique immédiat.

De nouveau un Congrès de Zurich, en 1897, affirma les principes de la réglementation internationale. Mais les diversités de législation dans chaque pays et les nécessités de la concurrence semblaient rendre vaine toute espérance d'accord ayant force contraignante.

L'Association internationale pour la protection légale des travailleurs fondée à la suite d'un Congrès tenu à Paris en 1900, reprit l'idée et s'efforça d'en hâter la réalisation.

Le premier projet de la convention actuelle vint de M. Luzzati, qui le communiqua à M. Barrère, ambassadeur de France en Italie, au mois de février 1902, l'idée fut favorablement accueillie en France, à la fois au ministère des affaires étrangères et au ministère du commerce : mais l'Italie ne fit alors aucune ouverture officielle à la France.

L'étude préliminaire se continua par un échange de vues qui eut lieu au Congrès de Cologne (octobre 1902) entre M. Luzzati pour l'Italie et M. Arthur Fontaine, directeur du travail, pour la France.

Les négociations officielles ne commencèrent qu'en janvier 1904 ; M. Luzzati, ministre du Trésor depuis novembre 1903 dans le cabinet Giolitti, et M. Rava, ministre de l'agriculture ; M. le comte Enrice Stelluti Scala, représentant l'Italie ; M. Barrère, ambassadeur de France à Rome, et M. Arthur Fontaine, directeur du travail, représentaient le gouvernement français. Les négociations aboutirent à la signature du texte actuel le 15 avril 1904.

Cette convention a été soumise à la ratification dans cha-

cun des deux pays dans les formes prévues par leurs cons-
titutions respectives.

En France, d'après l'article 8 de la loi du 15 juillet 1875,
on se trouvait dans un des cas où les pouvoirs du Président
de la République sont suffisants pour ratifier la convention.

En Italie, un projet de loi donnant plein et entier effet à la
convention fut déposé par le gouvernement à la Chambre,
qui l'adopta dans sa séance du 30 juin 1904 (1) (discussion
des 29 et 30 juin 1904) ; le projet renvoyé devant le Sénat
italien fut adopté le 6 juillet 1904.

Le 25 septembre, l'ambassadeur de France à Rome pro-
céda à l'échange des ratifications.

Le 8 octobre 1904, le Président de la République française, promulguait un décret qui rendait exécutoire la convention et l'arrangement relatif aux transferts entre la Caisse
nationale d'épargne de France et la Caisse d'épargne postale
d'Italie.

Au point de vue de la portée de cet accord, il faut remarquer que l'Italie possède environ 200.000 nationaux travaillant en France : par contre, les ouvriers français en Italie
ne sont guère qu'au nombre de 10.000.

Il est curieux de constater que le premier traité de travail est intervenu entre deux nations semblables sans doute
en bien des points, mais, à tout prendre, sensiblement différentes au point de vue économique et social.

L'Italie est avant tout un pays agricole et de petite industrie : la question agraire y est prédominante, et l'industrie,
malgré le caractère très protectionniste des traités de commerce, y est dans une situation délicate : les capitaux y sont
relativement chers : c'est ainsi que le taux de l'escompte en

(1) Le texte de la convention fut publié en Italie dans le *Bolletino
dell' Ufficio del Lavaro*, vol. I, n° 3, p. 317, juin 1904.

1896 a atteint et dépassé 5 0/0, alors qu'il était de 2 en France, 3,66 en Allemagne, 2,48 en Angleterre, 3,03 en Hollande, et 4,78 en Espagne : les impôts pèsent lourdement sur elle et la concurrence étrangère y est difficilement combattue. Par ces raisons économiques on comprend qu'elle se soit avancée lentement dans la voie de la protection ouvrière : sauf une loi de 1888 sur l'hygiène, le mouvement de législation sociale ne date guère, en Italie, que de 1897, et encore est-il assez imparfait.

La France, au contraire, au point de vue des intérêts qu'elle apportait au traité, y arrivait avec une législation ouvrière plus ancienne et déjà perfectionnée, une industrie importante qui accueillait un grand nombre d'ouvriers italiens.

La disparité même de situation amena plus aisément l'accord, car elle permit de trouver plus facilement le terrain des sacrifices réciproques.

On avait songé un instant à lier la question ouvrière à la question douanière et à compenser les avantages sociaux concédés par la France par des avantages commerciaux : mais cette idée fut tout de suite abandonnée.

L'économie générale du traité résulte de la situation même des deux pays au point de vue de leurs intérêts respectifs. L'Italie, par le grand nombre d'ouvriers italiens qui travaillent en France, avait surtout en vue d'obtenir pour eux l'avantage des lois françaises d'assurance et de prévoyance. La France, au contraire, était surtout préoccupée d'une question de concurrence industrielle ; le fait de la non-protection des femmes et des enfants dans le pays voisin, la non-application des lois relatives à la durée du travail, mettaient à cet égard la France dans un état d'infériorité industrielle qu'elle a surtout voulu corriger par les engagements que prend l'Italie à cet égard.

C'est, d'ailleurs, la réciprocité de traitement qui est comme l'idée maîtresse toujours poursuivie de ce traité de travail. Il est superflu de faire remarquer que, sur ce point, l'accord actuel est en parfaite harmonie avec l'évolution générale du droit international privé.

Cette réciprocité diplomatique est d'ailleurs bien préférable à la réciprocité législative : celle-là présente bien mieux que celle-ci une souplesse et une flexibilité remarquables qui permettent au gouvernement de suivre peu à peu les progrès des législations étrangères et surtout d'adapter sans cesse les dispositions législatives concernant les ouvriers étrangers à la situation économique générale.

Elle a d'ailleurs ses antécédents remarquables dans notre législation industrielle et sociale.

C'est ainsi qu'en matière de propriété industrielle, la loi du 26 novembre 1873 (1) dispose dans son article 9 :

« Les dispositions des autres lois en vigueur, touchant le nom commercial, les marques, dessins ou modèles de fabrique, seront appliquées au profit des étrangers, si, dans leur pays, la législation ou des traités internationaux assurent aux Français les mêmes garanties. »

De même en matière d'assistance, la loi du 15 juillet 1893 (2) porte un article ainsi conçu :

« Les étrangers malades, privés de ressources, seront assimilés aux Français toutes les fois que le gouvernement aura passé un traité d'assistance réciproque avec leur nation d'origine. » Et en exécution de cet article, existaient déjà une convention avec Brême, 20 octobre 1866 ; un traité franco-suisse du 27 septembre 1882 (Cf. Derouin et Worms,

(1) D. 74.4.21.
(2) D. 94.4.22.

« Les étrangers au point de vue de l'assistance et des secours charitables », *Clunet*, 1890, p. 545).

Le nouveau traité de travail est donc bien dans le courant
de réciprocité diplomatique qui paraît s'accentuer de plus
en plus dans ce qu'on pourrait appeler le droit social international.

I

§ 1. — *Les avantages réciproques au point de vue de la prévoyance et de l'assurance sociale.* — Le traité de travail franco-italien comprend deux parties bien distinctes : la première est relative aux avantages réciproques stipulés pour les ouvriers français et italiens au point de vue de la prévoyance et des assurances sociales ; la seconde concerne l'application de la législation ouvrière dans les deux pays, notamment en Italie.

L'article 1er, § a, dispose :

« Les fonds versés à titre d'épargne, soit à la Caisse nationale d'épargne en France, soit à la Caisse d'épargne postale d'Italie pourront, sur la demande des intéressés, être transférés sans frais de l'une des caisses à l'autre, chacune de ces caisses appliquant aux dépôts ainsi transférés les règles générales qu'elle applique aux dépôts effectués chez elle par les nationaux. »

Cette partie de la convention est la seule qui soit mise immédiatement en vigueur, tandis que les autres clauses prévoient des négociations et des accords ultérieurs.

Les nationaux des deux pays pourront faire des versements à l'une des deux caisses d'épargne nationales italienne ou française, sans avoir besoin de déplacer leurs dépôts quand ils changent de pays : cette disposition pourra également s'appliquer aux caisses d'épargne locales.

Une convention analogue existe déjà entre la France et la Belgique : cet arrangement relatif aux caisses d'épargne postales a été signé le 31 mai 1882 (D. 83.4.43) et modifié ultérieurement le 4 mars 1897 : les deux décrets de promulgation sont respectivement du 12 juin 1882 (1) et du 6 septembre 1897 (2).

Les paragraphes *b* et *c* de l'article 1er sont relatifs aux retraites.

Le premier prévoit pour les retraites facultatives actuellement existantes, un accord entre la Caisse nationale de prévoyance et la Caisse nationale des retraites en France.

On sait d'ailleurs que, d'après l'article 14 de la loi du 20 juillet 1886 (3), les Italiens résidant en France étaient déjà admis à cette Caisse :

« Les étrangers résidant en France sont autorisés à faire des versements à la Caisse des retraites aux mêmes conditions que les nationaux. Toutefois, ces étrangers ne pourront jouir en aucun cas des bonifications que l'article 11 accorde en cas de blessures graves ou d'infirmités prématurées. »

Désormais le payement des pensions ainsi acquises sera facilité.

Il s'agit aussi d'Italiens résidant en France ou de Français résidant en Italie, désireux de faire des versements à leurs Caisses nationales respectives. C'est là la principale nouveauté de ce point de la convention qu'un accord ultérieur devra mettre en vigueur pratiquement.

(1) *Bulletin des lois*, 1er sem. 1882, p. 967.

(2) *Ibid.*, 2e sem. 1897, p. 590.

(3) *b)* Les deux gouvernements faciliteront, par l'entremise tant des administrations postales que des caisses nationales, le versement des cotisations des Italiens résidant en France à la Caisse nationale de prévoyance d'Italie, et des Français résidant en Italie à la Caisse nationale des retraites de France. Ils faciliteront, de même, le payement en France des pensions acquises, soit par des Italiens, soit par des Français, à la Caisse nationale italienne, et réciproquement.

Le second paragraphe (1) prévoit le cas où le projet de loi sur les retraites obligatoires viendrait à être voté en France.

Il y a lieu de remarquer que la loi italienne du 20 juillet 1901, concernant l'institution de la Caisse nationale de prévoyance pour l'invalidité et la vieillesse des ouvriers ne prévoit qu'un système d'assurance facultative avec subvention de l'Etat (Cf. Paul Ghio, « Les Retraites ouvrières en Italie », *Musée social, Mémoires et documents*, décembre 1902).

Il semble bien que la clause de cet article ne pourrait entrer en vigueur qu'après le vote d'une loi nouvelle sur les retraites dans le sens de l'obligation aussi bien en Italie qu'en France.

A cet égard la convention pose seulement les bases ou les principes des accords futurs : on sait que les éléments constitutifs d'une pension de retraite sont au nombre de trois :

1° Les versements des ouvriers .

2° Les versements des patrons ;

(1) *c)* L'admission des ouvriers et employés de nationalité italienne à la constitution de retraites de vieillesse et peut-être d'invalidité, dans le régime général des retraites ouvrières actuellement élaboré par le Parlement français, ainsi que la participation des ouvriers et employés de nationalité française au régime des retraites ouvrières en Italie, seront réglées aussitôt après le vote de dispositions législatives dans les pays contractants.

La part de pension correspondant aux versements de l'ouvrier ou employé, ou aux retenues faites sur son salaire, lui sera acquise intégralement.

En ce qui concerne la part de pension correspondant aux contributions patronales, il sera statué par l'arrangement, dans des conditions de réciprocité.

La part de pension à provenir éventuellement de subventions budgétaires sera laissée à l'appréciation de chaque Etat et payée sur ses ressources à ses nationaux ayant acquis une retraite dans l'autre pays.

3º Les versements de l'Etat à titre de contribution.

Bien différent est le sort réservé à ces trois éléments dans le cas où par un nouvel accord les deux pays admettraient réciproquement les nationaux de l'autre pays à participer aux retraites.

a) La part de la pension correspondant aux versements de l'ouvrier ou de l'employé, dit le texte, ou aux retenues faites sur son salaire, lui sera acquise intégralement. C'est là un principe de stricte justice et l'on comprend fort bien que la part de l'ouvrier, quelque inégalité que l'on suppose dans la quotité de ses versements, lui soit définitivement acquise.

Cette solution a pour but de s'opposer à certains projets trop inspirés d'idées protectionnistes, qui dans la constitution des retraites voulaient établir des versements égaux sur les ouvriers français et les ouvriers étrangers sans assurer à ceux-ci une retraite : cet impôt de protection prélevé à l'occasion des retraites sur les ouvriers étrangers eût ainsi exclusivement profité aux ouvriers français.

Ainsi le projet de loi sur les retraites ouvrières dont la Chambre avait voté l'article 1er imposait aux patrons l'obligation de verser pour chaque travailleur étranger qu'ils emploient une somme uniforme de 0 fr. 25 pour chaque journée de travail, sans distinction d'âge ni de salaire (Cf. Rapport Guieysse, *J. off.*, 1900, Doc. parlem., p. 721 et suiv.). La présente convention écarte dès maintenant ce système pour les ouvriers italiens.

La réciprocité est d'ailleurs ici des plus simple à établir.

b) Les contributions patronales ne pouvaient être traitées de la même manière. Ici, en raison même de l'incertitude du taux de ces prélèvements et de leur inégalité probable, le traité se contente de poser ce principe de la réciprocité. Ce

sera aux conventions ultérieures qu'il appartiendra de la
réaliser d'après les conditions mêmes de ces versements
dans chaque pays. Pour le cas où le taux des contributions
patronales serait le même, la chose ne fera aucune difficulté,
Mais au cas infiniment plus probable où les taux seraient
différents, l'accord à intervenir devra régler la question de
savoir si et dans quelle mesure le bénéfice des contributions
patronales sera assuré aux étrangers : il faudra que dans
les deux pays l'avantage résultant des contributions patronales soit équivalent.

c) La part contributive de l'Etat est réglée suivant des principes tout différents : « La part de pension à provenir éventuellement des subventions budgétaires sera laissée à l'appréciation de chaque Etat et payée sur ses ressources à ses
nationaux ayant acquis une retraite dans l'autre pays. »
Ainsi la bonification donnée par l'Etat reste essentiellement
nationale, et seuls les ouvriers français en France comme
les ouvriers italiens en Italie en pourront profiter. Chaque
pays conserve le droit de donner cette même subvention à
ses nationaux ayant acquis une retraite à l'étranger, mais il
n'y a à cet égard aucun engagement de réciprocité. Il y a là,
dans l'accord même, une sorte de part irréductible réservée
aux nationaux devant laquelle les négociateurs du traité ont
cru impossible de songer à engager par aucun lien contractuel la nécessaire autonomie et la spéciale originalité de
chacune des deux nations. Sur ce dernier point, il y a peut-
être plus encore une pierre d'attente et une solution provisoire qu'un règlement définitif de la question. On sait en
effet que l'Empire d'Allemagne, dans la constitution des
pensions de retraite, n'a pas procédé de la sorte, et n'a pas
réservé à ses seuls nationaux ce bénéfice exclusif des alloca-
tions d'Etat : la subvention fixe annuelle de cinquante marks

s'ajoute aux pensions de retraite des ouvriers étrangers comme à celle des ouvriers allemands (1).

Le paragraphe *d* de l'article 1er a trait à l'assurance-accidents (2).

Ici, le traité rétablit l'égalité de traitement entre l'ouvrier italien placé en France et l'ouvrier français placé en Italie.

Il résultait en effet des deux législations une situation bien différente.

En Italie la loi du 17 mars 1898, article 2, dispose :

« Est considéré comme ouvrier, quant aux effets de la présente loi :

1° Quiconque est, à titre permanent ou temporaire et moyennant une rémunération fixe ou à la tâche, occupé à un travail hors de sa propre habitation ;

2° Quiconque, dans les mêmes conditions, même sans

(1) Il faut noter toutefois que pour certains étrangers le Conseil fédéral peut supprimer l'obligation à la retraite : article 4 de la loi du 10 juillet 1899.

(2) *d*) Les ouvriers et employés de nationalité italienne, victimes en France d'accidents par le fait ou à l'occasion du travail, ainsi que leurs représentants résidant en France, auront droit aux mêmes indemnités que les Français, et réciproquement.

Les Italiens bénéficiaires de rentes cessant de résider en France, ainsi que les représentants de la victime qui ne résidaient pas en France au moment de l'accident, auront droit à des indemnités à déterminer. Les capitaux constitutifs de ces indemnités, évalués d'après un tarif annexé à l'arrangement, pourront être versés à la Caisse nationale italienne de prévoyance, à charge par elle d'assurer le service des rentes. La Caisse nationale italienne d'assurance contre les accidents du travail acceptera également, suivant tarif conventionnel, pour le risque d'indemnité aux représentants ne résidant pas en France des ouvriers italiens victimes d'accidents, les réassurances des assureurs français désireux de se décharger éventuellement de toutes recherches et démarches à cet égard. Des avantages équivalents seront réservés, par réciprocité, pour les Français victimes d'accidents du travail en Italie.

participer matériellement au travail, surveille le travail d'autrui, pourvu que sa rémunération fixe n'excède pas sept lires par jour et ne lui soit pas payée par périodes de plus d'un mois ;

3° L'apprenti, qui avec ou sans salaire, participe à l'exécution du travail.

Il y avait donc, ce texte ne prévoyant aucune restriction, assimilation complète entre l'ouvrier italien et l'ouvrier français au point de vue de l'assurance-accidents : il faut ajouter, d'ailleurs, que l'indemnité étant toujours payée sous forme de capital, aucune difficulté n'existait à cet égard.

Au contraire, en France l'ouvrier italien, bien que jouissant en principe du même traitement que l'ouvrier français au point de vue de l'assurance-accidents, se trouvait dans un état d'infériorité dans une double circonstance (Cf. Raynaud, *Les accidents du travail des ouvriers étrangers*), résultant des deux derniers paragraphes de l'article 3 de la loi du 9 avril 1893 :

« Les ouvriers étrangers, victimes d'accidents, qui cesseront de résider sur le territoire français, recevront, pour toute indemnité, un capital égal à trois fois la rente allouée.

« Les représentants d'un ouvrier étranger ne recevront aucune indemnité si, au moment de l'accident, ils ne résidaient pas sur le territoire français. »

La jurisprudence, par une interprétation de la loi, d'ailleurs conforme aux principes et à son esprit, en avait encore accentué la rigueur en refusant aux représentants de l'ouvrier étranger le droit d'invoquer l'article 1382 du Code civil : dans presque toutes les espèces où les tribunaux avaient eu à se prononcer, il s'agissait d'ouvriers italiens : Trib. Seine, 7 nov. 1900. — C. Paris (7ᵉ Ch.),16 mars 1901 (*Clunet*, 1901, p. 238). — Trib. civ. Chambéry, 23 fév. 1901

(*Clunet*, 1902, p. 97). — C. Chambéry, 21 janv. 1902 (*Gaz. Trib.*, 27 avr. 1902). — Cass. req., 16 nov. 1903 (D. 04.1.132).

La convention rétablit l'égalité du traitement : « Les Italiens bénéficiaires de rentes cessant de résider en France ainsi que les représentants de la victime qui ne résidaient pas en France au moment de l'accident, auront droit à des indemnités à déterminer. »

La convention sur ce point pose encore un principe et les conditions dans lesquelles il pourra être mis en vigueur. Une modification de la loi de 1898 s'imposa en effet, préalablement, à toute mise en vigueur du texte. Le Sénat est déjà entré dans cette voie : dans sa séance du 16 juin 1904, il a adopté le nouveau texte suivant :

« Les ouvriers, victimes d'accidents, qui cesseraient de résider sur le territoire français, recevront pour toute indemnité un capital égal à trois fois la rente qui leur avait été allouée.

« Il en sera de même pour leurs ayants droit étrangers cessant de résider sur le territoire français, sans que toutefois le capital puisse alors dépasser la valeur actuelle de la rente d'après le tarif visé à l'article 28.

« Les représentants étrangers d'un ouvrier étranger ne recevront aucune indemnité si, au moment de l'accident, ils ne résidaient pas sur le territoire français.

« Les dispositions des trois alinéas précédents pourront, toutefois, être modifiées par traités dans la limite des indemnités prévues au présent article, pour les étrangers dont les pays d'origine garantiraient à nos nationaux des avantages équivalents. »

La Chambre a tout dernièrement voté le même texte dans sa séance du 28 décembre 1904.

De légères variantes sur d'autres points du projet de loi modifiant la loi de 1898 ont jusqu'ici empêché l'accord définitif entre les deux Chambres (1).

La question de l'application aux étrangers des lois d'assurance et de réparation des accidents du travail a, d'ailleurs, été reprise à l'assemblée de Bâle (septembre 1904), tenue par les délégués de l'Association internationale pour la protection légale des travailleurs : l'assemblée fut unanime à voter l'égalité de traitement sans distinction de nationalité :

« Pour les droits garantis à l'ouvrier et à ses ayants cause par les législations d'assurance et de responsabilité professionnelles, il n'y a lieu d'établir aucune différence entre les bénéficiaires à raison de leur nationalité, de leur domicile ou de leur résidence. »

Enfin une dernière disposition du traité est relative au chômage.

Il ne s'agit ici que d'un accord de principe stipulant la réciprocité au cas où l'assurance-chômage viendrait à être établie (2).

Il n'existe, d'ailleurs, aucune disposition législative à ce sujet, ni en France ni en Italie.

On sait que l'assurance-chômage est une des assurances sociales les plus difficiles à organiser et sur laquelle les diverses législations sont le plus en retard : il est très délicat de distinguer en pratique le chômage involontaire, le seul qui

(1) L'accord s'est fait aujourd'hui et la loi nouvelle a été promulguée le 31 mars 1905.

(2) *e*) L'admission des ouvriers et employés italiens en France, à des institutions d'assurance ou de secours contre le chômage subventionnées par les pouvoirs publics, l'admission des ouvriers et employés français, en Italie, aux institutions de même nature, seront réglées, le cas échéant, après le vote dans les deux pays de dispositions légales relatives à ces institutions.

mérite l'assurance, du chômage volontaire. Il semble bien, d'après les diverses expériences tentées jusqu'alors (Cf. Varlez, *L'assurance contre le chômage*), que le système gantois soit le meilleur, c'est-à-dire la subvention aux caisses de chômage créées par les syndicats : c'est celui que prévoit la convention.

En France, la Chambre est saisie de deux propositions tendant à subventionner les caisses de chômage, l'une de M. Chaumet du 17 mai 1904 (Ch., Doc. parlem., n° 1690), et l'autre de MM. Dubief et Millerand (Ch., Doc. parlem., n° 1698).

La protection des ouvriers au point de vue des diverses assurances est ainsi obtenue, autant que le permet la législation actuelle des deux pays.

Il restait encore à corriger un abus qui avait été bien souvent signalé : l'exploitation en France des jeunes ouvriers italiens. Ceux-ci sont souvent embauchés en Italie et conduits en France sous la direction du *padrone* qui, en leur assurant le coucher et la nourriture, se fait remettre tous leurs salaires. Cet intermédiaire, d'ailleurs, a soin de terroriser les enfants au point que ceux-ci n'osent plus se plaindre de leur misérable condition : souvent même il falsifie leurs livrets en les faisant passer pour plus âgés qu'ils ne sont : l'inspection du travail en France se trouvait ainsi désarmée. Nombreux sont les rapports des inspecteurs (1) signalant ces abus.

Pour remédier à cet état de choses, l'article 2 dispose :

« *a*) Les deux gouvernements détermineront, pour éviter les erreurs ou les fausses déclarations, la nature des pièces à présenter aux consulats italiens par les jeunes Italiens

(1) Cf. notamment : Rapport de l'inspecteur divisionnaire de Marseille, 1902, p. 377.

embauchés en France, ainsi que la forme des certificats à fournir aux mairies par lesdits consulats, avant délivrance aux enfants des livrets prescrits par la législation sur le travail des enfants. Les inspecteurs du travail se feront représenter les certificats à chaque visite ; ils retireront les livrets indûment détenus.

« *b*) Le gouvernement français organisera des comités de patronage comprenant, autant que possible, des Italiens parmi leurs membres, pour les régions industrielles où seront employés en grand nombre de jeunes Italiens logés en dehors de leurs familles par des intermédiaires.

« *c*) Les mêmes mesures seront prises pour la protection des jeunes ouvriers français en Italie. »

Ce texte vise la disposition de la loi italienne du 14 juin 1902, qui exige, pour l'admission dans l'industrie des femmes mineures et des enfants âgés de moins de 15 ans, l'obtention d'un livret médical attestant leur aptitude physique, délivré par l'officier sanitaire.

Cet article est ainsi conçu : « Ne peuvent être employés aux travaux désignés par la présente loi et par le règlement prévu à l'article 15 (il s'agit des travaux dans les établissements industriels, dans les ateliers, des travaux de voirie, à l'extérieur des carrières, des mines et des galeries), les femmes mineures et les enfants âgés de moins de 15 ans accomplis, qui ne sont pas munis d'un livret portant un certificat de médecin attestant qu'ils sont sains de corps et aptes au travail auquel ils sont destinés.

« Le livret sera conforme au modèle qui sera établi par le règlement ; il sera fourni aux communes par le ministère de l'agriculture, de l'industrie et du commerce, et délivré gratuitement aux ouvriers, par le maire de la commune où ils ont leur domicile habituel.

« Le livret devra indiquer : la date de la naissance de la femme mineure et de l'enfant ; s'ils ont été vaccinés ; s'ils sont reconnus sains de corps et aptes aux travaux qu'on leur confie, et s'ils ont suivi les cours d'enseignement primaire. »

L'officier sanitaire de la commune procède à l'examen médical et inscrit le certificat sur le livret, sans exiger aucune rémunération de l'ouvrier.

L'article 3 du traité a pour objet les engagements réciproques pris par les deux pays relativement à la réunion éventuelle d'une conférence ayant pour but d'unifier par des conventions certaines dispositions des lois protectrices des travailleurs.

On sait, en effet, que par suite des efforts de l'Association internationale pour la protection légale des travailleurs, il est question de réunir une Conférence internationale pour régler la question du travail de nuit des femmes.

C'est par les soins d'un comité de rédaction spécial qu'un mémoire fut adressé aux puissances sur les points en question, le travail de nuit des femmes, et l'emploi des matières toxiques dans l'industrie. On écarta toutes autres questions, comme celle du travail à domicile, pour mieux assurer le succès de la conférence diplomatique. Ce fut le gouvernement suisse qui se chargea de convoquer la conférence ; mais il ne le fit qu'après avoir la quasi-assurance du succès. Les représentants de la Suisse et les membres des sections régionales de l'Association sondèrent officieusement les divers gouvernements. Les réponses officieuses, favorables à la réunion de la conférence, sont aujourd'hui presque toutes obtenues. L'Allemagne a déjà donné son adhésion à ce projet, en promettant une participation pour le cas où toutes les puissances occidentales prendraient part à la conférence. La Belgique a,depuis la signature de la convention franco-italienne, également adhéré au projet de réunion de la conférence.

La réunion de la Conférence internationale paraît certaine, à Berne probablement, aux environs de Pâques, pour 1905 (1).

(1) Voir *suprà*, p. 66, les résultats de cette Conférence.

II

§ 2. — *L'application des lois ouvrières.* — La deuxième partie de la convention a trait aux engagements pris par l'Italie d'améliorer les conditions du travail en Italie par la voie législative.

Il faut remarquer, d'ailleurs, que la législation protectrice des travailleurs dans les deux pays s'applique déjà en principe aussi bien aux nationaux de l'autre pays qu'aux nationaux du pays qui a établi les dispositions protectrices.

Pour la France, cela résulte notamment de l'article 1er, § 2, de la loi du 2 novembre 1892, sur le travail des enfants, des filles mineures et des femmes dans les établissements industriels :

« Toutes les dispositions de la présente loi s'appliquent aux étrangers travaillant dans les établissements ci-dessus désignés »

De même, la loi du 30 mars 1900 qui réduit par étapes successives à 11 heures, 10 heures et demie et 10 heures la durée de la journée de travail pour les femmes et enfants travaillant dans l'industrie, ainsi que pour les adultes employés dans les mêmes locaux, s'applique également aux ouvriers étrangers. Cela résulte de la manière même dont le législateur de 1900 a procédé : il a seulement modifié certains articles de la loi du 2 novembre 1892. Aussi l'article 1er, § 2, de cette loi, reste-t-il toujours en vigueur et il en résulte que les disposition de la loi de 1900 sont applicables aux étrangers.

Pour l'Italie, cela résulte de la généralité même des textes qui ne font aucune distinction entre l'ouvrier national et l'ouvrier étranger.

En Italie, la législation protectrice du travail des femmes et des enfants n'est pas bien ancienne. Une loi du 11 février 1886 contenait quelques dispositions absolument insuffisantes sur le travail des enfants dans les fabriques et les mines : elle se contentait de défendre l'emploi des enfants de 11 ans et au-dessous dans les travaux nocturnes ou insalubres ; elle ne s'occupait pas des femmes.

La loi du 19 juin 1902 sur le travail des femmes et des enfants dans les établissements industriels, ateliers, etc., est venue combler ces lacunes sans présenter encore une législation bien perfectionnée.

L'Italie s'engage à compléter l'organisation d'une inspection du travail : celle-ci est encore en enfance au delà des Alpes, puisque le nombre des inspecteurs du travail ne dépasse pas deux.

Les points sur lesquels l'inspection du travail italienne devra plus particulièrement faire porter ses efforts sont au nombre de quatre :

1° L'interdiction du travail de nuit. Cette interdiction résulte en Italie de la loi du 29 juin 1902, relative au travail des femmes et des enfants (*Annuaire de la législation du travail. Office du travail belge*, 1902, p. 333).

ART. 5. — «Le travail de nuit est interdit aux garçons âgés de moins de 15 ans accomplis et aux femmes de n'importe quel âge. Toutefois, les femmes âgées de plus de 15 ans, employées déjà dans les établissements industriels, les carrières et les mines, lors de la promulgation de la présente loi, pourront continuer à y travailler.

« Cinq ans après la promulgation de la présente loi, le travail de nuit sera interdit aux femmes, quel que soit leur âge.

« Au cours de ces cinq années, les femmes de tout âge, employées au travail de nuit, devront être munies du livret prescrit à l'article 2.

« ...On entend par travail de nuit, le travail exécuté entre 20 heures et 6 heures, du 1er octobre au 31 mars, et entre 21 heures (1), et 5 heures du 1er avril au 30 septembre.

« Toutefois, si le travail est divisé en deux équipes, il pourra commencer à 5 heures pour finir à 23 heures.

« Sur avis favorable du Conseil d'hygiène de la province, le ministre de l'agriculture, de l'industrie et du commerce pourra modifier les heures fixées ci-dessus pour le travail de nuit, dans les localités où l'exigeront les conditions spéciales du climat et du travail. »

Le travail de nuit n'était interdit par cet ancien texte que pour les enfants qui n'avaient pas 12 ans révolus, et autorisé pendant 6 heures pour les enfants de 12 à 15 ans. Un décret du 5 janvier 1899 avait franchi une étape de plus en l'interdisant absolument au-dessous de 15 ans : seule la loi du 29 juin 1902 généralise la mesure. Inutile de faire remarquer que l'Italie était très en retard sur ce point par rapport à la France, — mais encore faut-il que la disposition soit appliquée.

2° L'âge d'admission au travail dans les ateliers industriels. Cette même loi fixe l'âge minimum de 12 ans pour l'admission des enfants dans l'industrie (art. 1 de la loi du 29 juin 1902), et la précédente de 1886 fixait 9 ans comme limite.

3° La durée du travail journalier. Celle-ci est en Italie,

(1) On sait qu'avec le système italien, 20 heures, c'est 8 heures du soir ; 21 heures, 9 heures du soir ; 23 heures, 11 heures du soir.

de 11 heures pour les enfants jusqu'à 16 ans, et de 12 heures pour les femmes seulement au-dessous de 16 ans.

C'est ainsi que l'article 7 de la loi du 29 juin 1902 dispose :

« Les enfants des deux sexes, âgés de 10 ans et de moins de 12 ans, ne pourront être employés plus de huit heures par jour ; ceux de 12 à 15 ans plus de onze heures, et les femmes de n'importe quel âge plus de douze heures.

« Sur avis du Conseil d'hygiène de la province, le ministre de l'agriculture, de l'industrie et du commerce pourra, pour un temps limité et exceptionnellement, permettre que le travail journalier des enfants de 12 à 15 ans soit prolongé jusqu'à douze heures au maximum, si les conditions techniques et économiques l'exigent. »

On sait qu'à cet égard, la législation italienne est beaucoup moins avancée que la législation française, puisque notre loi de 1900 prévoit à partir du 1er avril 1904, une journée maximum de 10 heures pour les femmes et les enfants, ainsi que pour les adultes travaillant dans les mêmes locaux.

Il est sans doute avantageux d'obtenir dès maintenant la promesse d'un progrès formel de législation à cet égard. L'Italie « a l'intention de mettre à l'étude et de réaliser graduellement la réduction progressive de la durée du travail journalier des femmes dans l'industrie ». Une lettre officielle annexée à la convention précise ce point : l'Italie se déclare disposée à introduire la journée de 11 heures pour les femmes, si au moment du renouvellement de la convention, c'est-à-dire dans cinq ans, elle est appliquée dans tous les pays de l'Europe occidentale.

4° L'obligation du repos hebdomadaire. La même loi du 29 juin 1902 édicte ce repos pour les femmes et les enfants âgés de moins de 15 ans.

Article 9 de la loi précitée : « Les femmes de n'importe quel âge et les enfants âgés de moins de 15 ans auront droit à un jour entier (vingt-quatre heures) de repos par semaine. »

L'article 5 (1) prévoit la faculté de dénonciation réciproque. La clause est d'ailleurs légèrement obscure, et il peut sembler que cette faculté n'existe qu'au cas d'inexécution des engagements relatifs à la législation ouvrière. On peut espérer toutefois que l'intérêt très considérable de l'Italie à l'exécution par la France des conventions de prévoyance contenues à l'article 1er sera un sûr garant de l'exécution de l'article 4 par cette puissance, et que la convention aura force pour les 5 ans qu'elle prévoit.

(1) ART. 5. — Chacune des deux parties contractantes se réserve la faculté de dénoncer à toute époque la présente convention et les arrangements prévus à l'article 1er, en faisant connaître son intention un an d'avance, s'il y a lieu de reconnaître que la législation relative au travail des femmes et des enfants n'a pas été respectée par l'autre partie, sur les points énoncés spécialement à l'article 4, alinéa 2, faute d'une inspection suffisante, ou par suite de tolérances contraires à l'esprit de la loi, ou que le législateur aura diminué sur les mêmes points la protection édictée en faveur des travailleurs.

III

Au point de vue critique, quelle est la portée de la convention ?

On lui a déjà reproché de n'être encore qu'un programme, un rêve plus encore qu'une réalité, puisque seules les dispositions de l'article 1ᵉʳ sont dès maintenant applicables.

Sans doute, mais il faut avouer qu'en l'état actuel des choses, il était bien difficile de faire autrement. Peut-être l'intérêt réciproque des deux pays à son application et plus tard à son renouvellement peuvent-ils faire bien augurer des résultats attendus. La législation ouvrière en Italie fera certainement de réels progrès : peut-être la question de la réduction progressive de la durée du travail des femmes comportera-t-elle certaines difficultés à cause du caractère économique bien différent de l'Italie du nord, industrielle et riche, et de l'Italie du sud, agricole et pauvre ? Néanmoins on peut espérer que l'Italie viendra à bout de ces difficultés.

L'expérience et peut-être l'imitation (1) par d'autres pays montreront quel parti on peut tirer de ces conventions internationales relatives au travail, en attendant que dans un lointain avenir les progrès parallèles de la législation ouvrière dans chaque pays permettent le traité général avec faculté d'accès, comme en d'autres matières déjà réglées par des conventions internationales.

(1) L'article 17 du traité de commerce passé entre l'Italie et la Suisse le 13 juillet 1904 prévoit la conclusion d'arrangements spéciaux au sujet du traitement des ouvriers italiens en Suisse et des ouvriers suisses en Italie à l'égard de l'assurance ouvrière. La proposition est due à l'initiative du gouvernement italien. (*Feuille fédérale*, 6 décembre 1904, p. 83.)

R. — 7

LA RÉCIPROCITÉ EN MATIÈRE DE RETRAITES
DES OUVRIERS ÉTRANGERS (1).

Il existe aujourd'hui en droit international privé tout un
ensemble de questions nouvelles et de problèmes actuels
qui résultent du développement parallèle des diverses législations de protection ouvrière dans les différents pays civilisés : à côté des vieilles questions concernant la famille, la
propriété, les obligations et les successions, notre époque a
vu se poser une série de problèmes nouveaux concernant la
vie de l'ouvrier, ses divers droits à l'assurance-accidents, à
l'assurance-vieillesse, demain à l'assurance-chômage. L'étude de ces questions présente un double intérêt : d'abord
il s'agit d'une question de justice sociale qui domine les nationalités séparées et qui ne connaît pas de frontières ; le
travail a partout le même caractère sacré et ce qui vaut
comme raison pour protéger dans une certaine mesure l'ouvrier national, est tout aussi probant pour protéger l'ouvrier étranger.

En second lieu, ces questions pour délicates qu'elles soient
se présentent à un moment du développement du droit international privé, où les méthodes de recherches et de solution des problèmes sont bien connues et bien précisées :
elles peuvent profiter de tout l'effort logique et constructif
déployé par les interprètes au sujet d'autres matières plus
classiques.

(1) Cette étude a paru dans le *Journal de droit international privé*,
1906, p. 115.

Le récent traité de travail signé le 15 avril 1904 et tout récemment mis en vigueur vient de souligner, aux yeux même des moins attentifs, l'importance de ces problèmes et d'indiquer le premier pas fait pour leur solution dans la voie des accords diplomatiques.

Sans doute, il s'agit le plus souvent encore de dispositions éventuelles, qui s'appliqueront dans l'avenir : c'est du droit de demain plus encore que du droit d'hier ou d'aujourd'hui qu'il s'agit. Mais n'est-ce pas une raison de plus pour mieux envisager les principes et les saisir dans leur développement : l'effort doctrinal a surtout sa valeur propre quand il peut espérer agir sur la pratique et sur la législation de demain.

La question des retraites des ouvriers étrangers est au nombre de ces problèmes actuels, éminemment nouveaux, et d'autant plus intéressants par leur nouveauté même.

La plupart des pays européens cherchent aujourd'hui à résoudre le problème des retraites ouvrières : l'Allemagne, la Belgique, l'Italie ont déjà leurs solutions, la France cherche actuellement la sienne. Quelle que soit la solution adoptée, obligation ou liberté, une question se pose et se posera toujours : quel sera le sort fait dans ces législations diverses et parallèles à l'ouvrier étranger au point de vue des retraites ? Avec le mouvement général qui tend à rendre la main-d'œuvre de plus en plus mobile et à jeter dans un pays une quantité toujours croissante d'ouvriers étrangers, il importe de se demander quel sera le traitement réservé à l'ouvrier étranger en dehors de son pays natal.

Un principe devrait ici guider les législations, c'est celui de la réciprocité : on accordera à l'ouvrier étranger dans le pays considéré, précisément le même sort qui est fait aux nationaux de ce pays par la législation du pays de cet ouvrier étranger.

Cette solution se trouve placée à égale distance des deux solutions extrêmes : la solution de protection du travail national, qui entendrait réserver aux seuls ouvriers nationaux toutes les faveurs de la loi et la solution ultra libérale qui traiterait toujours et dans tous les cas l'ouvrier étranger comme l'ouvrier national. Un exemple de chacune de ces deux tendances opposées fera mieux comprendre la solution de la réciprocité dans laquelle on paraît s'engager de plus en plus.

Comme exemple de solution de protection du travail national, on peut citer l'article 1er du projet de loi sur les retraites ouvrières autrefois voté à la Chambre (1) qui assurait une retraite aux seuls ouvriers français, mais par contre imposait aux patrons l'obligation de verser pour chaque travailleur étranger qu'ils emploieraient une somme uniforme de 0 fr. 25 pour chaque journée de travail sans distinction d'âge ni de salaire. Cette somme accroîtrait ainsi le fonds de retraite destiné aux ouvriers français. Il est inutile de faire remarquer que ce système consacrait une véritable injustice sociale en faisant verser par le patron des sommes qui ne profitaient pas aux ouvriers étrangers ; ce n'était au fond qu'une taxe déguisée sur l'emploi des ouvriers étrangers.

Dans la discussion actuelle du projet de retraites ouvrières devant la Chambre (2), le projet soumis aux délibérations de la Chambre contenait également un article réservant aux seuls nationaux la pension de retraite : « Tout ou-

(1) Rapport Guieysse, *J. off.*, 1900, Ch., Doc. parlem., p. 721 et suiv.

(2) Séance du 23 novembre 1905, *J. off.*, 24 novembre 1905.

vrier ou employé, tout sociétaire ou auxiliaire employé par une association ouvrière a droit, *s'il est de nationalité française* et dans les conditions déterminées par la présente loi, à une retraite de vieillesse à soixante ans, et le cas échéant, à une retraite d'invalidité, payable mensuellement sur certificat délivré sans frais par le maire de la commune. »

Mais heureusement la Chambre a fait disparaître cette restriction du texte voté (1).

Une autre solution, plus théorique encore que pratique, est celle qui a été adoptée tout récemment à l'assemblée de Bâle (septembre 1904), par les délégués de l'Association internationale pour la protection légale des travailleurs : l'assemblée fut unanime à voter l'égalité de traitement sans distinction de nationalité. Voici le très bref résumé de la discussion.

L'assemblée fut saisie par un rapport de M. Feigenweiter (Suisse), au nom de la 5ᵉ commission chargée d'étudier le problème de l'application des lois nationales sur les assurances aux ouvriers étrangers. Après un exposé très complet des législations positives, le rapporteur posait — en face du principe allemand qui est l'inégalité de traitement — le principe nouveau que les étrangers doivent avoir les mêmes droits que les nationaux. Pour lui, l'indemnité n'est pas de l'assistance, elle découle du contrat de travail et par suite l'assurance rentre dans le droit privé. Sans doute, du contrat de travail résultent d'une part certains droits de droit privé et certains autres établis par la loi ; mais ces

---

(1) Cette condition de nationalité a été supprimée après un intéressant débat. On l'a toutefois réservée jusqu'à la discussion de l'article 6 du projet. L'amendement de M. Fournier qui reprenait le texte de la commission (pension pour les seuls Français) a été repoussé par 480 voix contre 70. Cf. *infrà*, p. 113.

derniers eux-mêmes font naître des droits privés. Aussi, pour se conformer aux principes du droit des gens qui prévoient par traités l'assimilation des étrangers aux nationaux au point de vue des droits privés, faut-il établir l'égalité absolue de traitement entre ouvriers nationaux et ouvriers étrangers au point de vue de l'assurance.

Cette justification ne paraît pas satisfaisante à tous les membres de la commission : M. Raoul Jay, professeur à la Faculté de droit de Paris, M. Millerand et d'autres critiquèrent la distinction un peu subtile entre les droits publics et les droits privés : mieux valait plus simplement justifier la solution proposée en la faisant découler du contrat de travail. Dans tous pays, l'ouvrier a de par le contrat de travail droit à tous les avantages de la législation du pays. La résolution suivante résumait la solution et ses motifs :

« Les droits garantis à l'ouvrier et à ses ayants cause par les législations d'assurance et de responsabilité professionnelles, leur sont reconnus comme découlant du contrat de travail. Doit donc être applicable la loi du lieu de l'entreprise pour laquelle travaille l'ouvrier, quels que soient la nationalité, le domicile ou la résidence des bénéficiaires. »

Tel était le texte de la commission : devant l'assemblée générale de l'Association il rencontra d'assez graves objections. Le Dr Caspar, directeur ministériel au ministère de l'intérieur à Berlin, et délégué du gouvernement impérial, protesta contre les termes de la résolution. Il plaida la cause de la réciprocité, en indiquant comment en matière d'accidents le Conseil fédéral avait décidé d'accorder un traitement de faveur aux ouvriers du pays dont la législation offrirait des avantages réciproques. Pour lui, les assurances étaient essentiellement de droit public : toutefois il acceptait le principe nouveau d'égalité de traitement et de réciprocité par ententes internationales.

Voyant qu'ainsi l'accord se faisait sur le fond, M. Millerand, au nom de la Commission, se réunit à M. Caspar pour rédiger un texte amendé qui fut voté à l'unanimité :

« Pour les droits garantis à 1 ouvrier et à ses ayants cause par les législations d'assurance et de responsabilité professionnelles, il n'y a lieu d'établir aucune différence entre les bénéficiaires à raison de leur nationalité, de leur domicile ou de leur résidence. Est applicable la loi du lieu de l'entreprise pour laquelle travaille l'ouvrier » (1).

Ainsi le résultat pratique était atteint, mais la thèse libérale et la thèse de la réciprocité pouvaient croire toutes deux à une victoire.

Maintenant les sections nationales devront, avant la prochaine assemblée générale, fournir au bureau de l'Association un rapport « sur les voies et moyens d'application de ce principe dans l'intérieur de chaque pays, et dans les relations internationales au double point de vue de la responsabilité civile et de l'organisation de l'assurance ».

C'est alors qu'on verra sans doute reparaître les divergences de moyens dont l'assemblée de Bâle avait fait si élégamment abstraction.

Cette solution, pour généreuse qu'elle soit, pourrait entraîner les pays qui l'adopteraient à de fâcheuses extrémités : elle semble oublier que le droit international privé se crée chaque jour par la voie de l'accord et du traité, et que ce n'est pas le plus sûr moyen d'obtenir le résultat que l'on veut que de se désarmer soi-même et de ne plus pouvoir jouer du donnant donnant qui assure les véritables progrès. Pour tout dire d'un mot, elle est quelque peu utopique.

(1) *Bulletin de l'Office du travail*, novembre 1904, p. 982.

La solution de réciprocité a tout au contraire l'avantage de respecter la justice et d'assurer par son application même le plus rapide progrès des législations en ces délicates matières.

Elle ne va pas cependant sans présenter quelques difficultés d'application pratique qu'il nous faudra signaler ; mais auparavant une rapide revue des solutions actuelles en droit positif nous paraît indispensable.

LA SOLUTION ACTUELLE.

Pour les pays qui n'ont pas le système des retraites obligatoires, la solution était des plus simples : c'est une faculté pour l'ouvrier de se constituer, en s'adressant soit à une société de secours mutuels, soit à une Caisse d'Etat, une retraite pour ses vieux jours, et il n'y a aucune raison de refuser ce droit à l'ouvrier étranger.

C'est ainsi que la loi française du 20 juillet 1886 dispose dans son article 14 :

« Les étrangers résidant en France sont autorisés à faire des versements à la Caisse des retraites aux mêmes conditions que les nationaux. Toutefois, ces étrangers ne peuvent y jouir en aucun cas des bonifications que l'article 11 accorde en cas de blessures graves ou d'infirmités prématurées. »

Les solutions sont différentes dans les pays qui ont adopté le système des retraites obligatoires.

En Allemagne, la loi sur l'assurance contre l'invalidité et la vieillesse, promulguée le 22 juin 1889 et entrée en vigueur le 1er janvier 1891, soumettait en principe tous les ouvriers sans distinction de nationalité à l'obligation de s'assurer contre l'invalidité et la vieillesse : on ne voulut pas au début, en soustrayant les ouvriers étrangers à l'assurance et en libérant leurs patrons de la part de cotisation, constituer une prime à l'emploi d'ouvriers étrangers. Mais les réclamations des ouvriers allemands ne tardèrent pas à s'élever et l'on critiqua l'injustice d'un système qui accordait la subvention d'Etat aux ouvriers étrangers venant concurrencer le travail national. La difficulté fut résolue en faisant application de l'article 4, alinéa 1er, de la loi, qui confère au Conseil fédéral le droit d'exclure de l'assurance obligatoire certaines personnes à raison du caractère trop passager de leurs occupations. Celui-ci autorisa donc les gouvernements des Etats frontières à lever l'obligation d'assurance pour les ouvriers étrangers entrés en Allemagne en vue d'y exécuter des travaux passagers. C'est le cas pour un grand nombre d'ouvriers agricoles polonais ou russes.

La loi du 19 juillet 1899 est venue étendre encore les pouvoirs du Conseil fédéral ; elle dispose :

ART. 4. — « Le Conseil fédéral détermine dans quel cas des travaux passagers n'obligent pas à l'assurance conformément à la présente loi.

« Le Conseil fédéral est autorisé à exempter de l'assurance les étrangers admis par les autorités à séjourner dans l'intérieur de l'Empire pendant une période de temps déterminée et obligés à l'expiration du délai fixé de sortir du territoire. Quand une pareille décision est prise, les patrons qui emploient ces étrangers sont obligés de verser à l'établissement d'assurance la somme qu'ils auraient dû payer de leurs propres moyens, si ces étrangers avaient été soumis à l'obligation de l'assurance. »

Ainsi, en droit, les ouvriers étrangers sont toujours obligés à la retraite ; en fait, la plupart d'entre eux n'y participent pas. On comprend dans une certaine mesure que la subvention d'Empire qui est une somme fixe annuelle de 50 marks, ne profite pas aux ouvriers étrangers, alors surtout qu'en l'état actuel des législations, les ouvriers allemands à l'étranger ne sauraient retrouver des avantages corrélatifs.

II

LA SOLUTION D'AVENIR

De plus en plus le système de la réciprocité tend à prévaloir pour la solution du problème.

Le récent accord franco-italien (1) a essayé de faire passer dans la pratique l'idée de réciprocité dans la mesure du possible ; voici les clauses de l'article 1er relatives aux retraites :

« 1º Les deux gouvernements faciliteront, par l'entremise tant des administrations postales que des Caisses nationales, le versement des cotisations des Italiens résidant en France à la Caisse nationale de prévoyance d'Italie et des Français résidant en Italie à la Caisse nationale des retraites de France. Ils faciliteront de même le paiement en France des pensions acquises, soit par des italiens, soit par des Français, à la Caisse nationale italienne, et réciproquement.

« 2º L'admission des ouvriers et employés de nationalité italienne à la constitution de retraites de vieillesse et peut-être d'invalidité, dans le régime général des retraites ouvrières actuellement élaboré par le Parlement français, ainsi que la participation des ouvriers et employés de nationalité française au régime des retraites ouvrières en Italie, seront

(1) *J. off.*, 12 octobre 1904, p. 6086.

réglées aussitôt après le vote de dispositions législatives dans les pays contractants.

« La part de pension correspondant aux versements de l'ouvrier ou employé, ou aux retenues faites sur son salaire, lui sera acquise intégralement.

« En ce qui concerne la part de pension correspondant aux contributions patronales, il sera statué par l'arrangement, dans des conditions de réciprocité.

« La part de pension à provenir éventuellement de subventions budgétaires sera laissée à l'appréciation de chaque Etat et payée sur ses ressources à ses nationaux ayant acquis une retraite dans l'autre pays.

« Les deux Etats contractants faciliteront, par l'entremise tant des administrations postales que de leurs caisses de retraites, le paiement en Italie des pensions acquises en France, et réciproquement.

« Les deux gouvernements étudieront pour les ouvriers et employés ayant travaillé successivement dans les deux pays pendant des périodes minima à déterminer, sans remplir dans aucun des deux les conditions requises pour les retraites ouvrières, un régime spécial d'acquisition des retraites. »

Comme on le voit, les deux paragraphes de cet article se réfèrent l'un au système des retraites actuellement en vigueur dans les deux pays, l'autre au système éventuel des retraites obligatoires qui viendrait à être établi.

Pour ce qui est du premier, il s'agit d'Italiens résidant en France ou de Français résidant en Italie désireux de faire des versements à leurs Caisses nationales respectives. La convention décide que par des mesures réciproques, chacun des deux gouvernements facilitera ces versements : un accord ultérieur devra mettre en vigueur pratiquement ces mesures de détail.

Pour ce qui est du second, la convention pose seulement les bases ou les principes des accords futurs ; on sait que les éléments constitutifs d'une pension de retraite sont au nombre de trois :

1º Les versements des ouvriers ;

2º Les versements des patrons ;

3º Les versements de l'Etat à titre de contribution.

Pour ces trois éléments, l'accord applique dans la mesure du possible la réciprocité pour le cas où les deux pays admettraient respectivement les nationaux de l'autre pays à participer aux retraites :

1º « La part de la pension correspondant aux versements de l'ouvrier ou de l'employé, ou aux retenues faites sur son salaire lui sera acquise définitivement. »

C'est là un principe de stricte justice ; car ce sont là les deniers propres de l'ouvrier, et l'on comprend fort bien que la part de celui-ci, quelque inégalité que l'on suppose dans la quotité de ses versements, lui soit définitivement acquise. La réciprocité est d'ailleurs ici des plus simples à établir et ne comporte aucune restriction.

2º Pour ce qui concerne les contributions patronales, en raison de l'incertitude du taux de ces prélèvements et de leur inégalité probable, la réciprocité est posée encore en principe, un accord ultérieur viendra la réaliser. Pour le cas où le taux des contributions patronales serait le même, la chose ne fera aucune difficulté. Mais au cas infiniment plus probable où les taux seraient différents, l'accord à intervenir devra régler la question de savoir si et dans quelle mesure le bénéfice des contributions patronales sera assuré aux étrangers : il faudra que dans les deux pays l'avantage résultant des contributions patronales soit équivalent.

3º La part contributive de l'Etat se prêtait moins aisément

à la solution de réciprocité : aussi, sur ce point, le traité
l'a-t-il partiellement écarté. « La part de pension à provenir
éventuellement des subventions budgétaires sera laissée à
l'appréciation de chaque Etat et payée sur ses ressources à
ses nationaux ayant acquis une retraite dans l'autre pays. »
Ainsi la bonification fournie par l'Etat reste essentiellement
nationale, et seuls les ouvriers français, en France, comme
les ouvriers italiens, en Italie, en pourront bénéficier. Cependant chaque pays conserve le droit, sans en prendre d'ailleurs l'engagement, de donner une partie de cette subvention à ses nationaux ayant acquis une retraite à l'étranger.
Il y a là, dans l'accord même, une sorte de part intangi-
ble, réservée aux nationaux, devant laquelle les négociateurs du traité ont cru impossible de songer à engager par
aucun lien contractuel la nécessaire autonomie et l'irréductible originalité de chacune des deux nations. Sur ce dernier
point, d'ailleurs, il y a peut-être plus encore une solution
d'attente et une position provisoire, qu'un règlement définitif de la question.

Ainsi l'idée de réciprocité a reçu une première et intéressante application en matière de retraites. Sans doute, comme
on l'a vu, elle ne peut à elle seule inspirer toutes les solutions de détail, et longtemps encore la subvention d'Etat
pour la constitution des retraites restera le patrimoine propre des seuls nationaux ; mais rien n'empêche alors un Etat,
comme le projet le prévoit, de subventionner l'Etat étranger
pour faire parvenir par son canal la bonification aux retraites de ses nationaux travaillant à l'étranger. Sans doute
tout cela est encore un peu problématique : mais la solution
est à la fois des plus élégantes au point de vue juridique et
des plus justes au point de vue social.

Il n'est pas impossible que dans un avenir, moins lointain peut-être qu'on le pourrait croire, avec le progrès des législations sociales, avec la multiplication des traités de travail, les solutions ainsi esquissées ne viennent à se généraliser. On arriverait ainsi d'emblée en cette matière à la solution équitable cherchée en d'autres cas par de trop longs tâtonnements.

III

Postérieurement à la publication de l'étude précédente, la discussion récente à la Chambre du projet de loi relatif aux retraites ouvrières (1) est venue apporter une nouvelle confirmation à la thèse de la réciprocité.

L'article 4 du projet voté par la Chambre dispose en effet :

« Les ouvriers et employés étrangers immatriculés en conformité de la loi du 8 août 1893 et résidant en France sont soumis au même régime que les ouvriers et employés français.

« Toutefois ils ne peuvent bénéficier des versements patronaux ou des majorations budgétaires que si les dispositions de la présente loi à cet égard leur sont rendues en tout ou partie applicables par des traités avec les pays d'origine garantissant à nos nationaux des avantages équivalents, ou bien s'il s'est écoulé plus de cinq ans depuis leur immatriculation. Dans ce dernier cas, la retraite éventuelle déjà acquise pendant les cinq premières années est doublée au moyen du fonds de bonification prévu ci-après, et si l'assuré est atteint d'invalidité absolue et permanente de travail ou s'il décède, application est faite des dispositions des articles 9 et 10.

« Lorsqu'il n'y a pas lieu à l'application de l'alinéa précédent, les versements patronaux sont affectés au fonds de bonification. Lesdits versements sont portés à 4 0/0 lorsque

(1) Ch., séance du 25 janvier 1906, *J. off.*, 1906, Déb. parlem., p. 194.

les ouvriers ou employés étrangers ne sont point immatriculés ou ne résident point en France. »

Lors de la discussion, M. Vaillant avait présenté un amendement tendant à l'assimilation absolue des ouvriers étrangers aux nationaux, même en l'absence de traités de réciprocité. Le président de la Commission d'assurance et de prévoyance sociales, M. Millerand, répondit à l'auteur de l'amendement qu'il était d'accord avec lui sur le principe, mais qu'il croyait qu'on ne pouvait s'en rapprocher que par des conventions internationales. Il faut admettre la réciprocité : « aller plus loin serait faire un marché de dupes ». Déjà la France, ajoutait M. Millerand, a assumé par traité des obligations plus considérables à l'égard des pays étrangers au point de vue des retraites que ceux-ci à l'égard de la France : en effet, les ouvriers étrangers (belges ou italiens) sont beaucoup plus nombreux en France que les ouvriers français dans ces deux pays. A la suite de cet échange d'observations, l'amendement Vaillant fut rejeté à la majorité de 426 voix contre 98, sur 524 votants. .

LES CONFLITS DE LOIS EN MATIÈRE
D'ACCIDENTS DU TRAVAIL

C'est aujourd'hui un lieu commun que d'insister sur le développement des relations internationales et le progrès des solutions qui ont été apportées par ententes, traités ou Unions internationales aux difficultés multiples que soulèvent ces relations chaque jour croissantes. Parmi ces questions nouvelles, il en est une particulièrement attachante par la question de justice et d'humanité qu'elle soulève, le sort réservé à l'ouvrier victime d'un accident du travail survenu à l'étranger. Depuis une quinzaine d'années que le problème se pose avec le développement quasi universel des législations sur les accidents du travail, diverses tendances se sont fait jour, tant en doctrine qu'en jurisprudence. Une première idée, bientôt ardemment combattue, fut de réserver toutes les faveurs à l'ouvrier national, en négligeant le sort de l'ouvrier étranger : ce dernier n'est-il pas l'exception, et à tout prendre beaucoup moins intéressant que son camarade national. Mais cette thèse des partisans de la protection du travail national fut vite abandonnée pour une idée plus juste et plus féconde, que l'on pourrait appeler l'idée du risque professionnel international, qui confusément d'abord, plus consciemment ensuite, tend chaque jour à l'égalisation complète du sort de l'ouvrier étranger et du sort de l'ouvrier national. C'est la lutte de ces deux tendances contradictoires et le succès de la seconde sur la première que nous voudrions ici retracer en étudiant les conflits de lois en matière d'accidents du travail.

Pour le faire, il nous faudra tout d'abord passer rapidement en revue les différentes législations d'accidents contemporaines dans leurs dispositions concernant les ouvriers étrangers. Ce sera là une étude de législation.

En second lieu, étant donnée cette diversité et cette opposition de lois, un second problème se pose : comment ont été résolus en jurisprudence, tant en France qu'à l'étranger, les conflits de lois en matière d'accidents du travail.

Enfin et par manière de conclusion, il faudra apprécier cette jurisprudence et esquisser au point de vue doctrinal une solution vers laquelle d'ailleurs semblent à l'heure actuelle s'orienter la plupart des pays.

Ainsi: législation, jurisprudence, doctrine, telles seront les trois divisions de notre étude.

I

Au point de vue spécial qui nous occupe, à savoir le sort fait par chaque loi d'accidents aux ouvriers étrangers, on peut diviser les législations étrangères en deux groupes selon le principe dominant qui les guide :

1° Législation d'assimilation expresse ou tacite ;

2° Législations restrictives du droit des ouvriers étrangers.

a) *Législations d'assimilation expresse ou tacite.* — Le premier groupe de pays ne possède aucune disposition expresse concernant les ouvriers étrangers : ce sont, par ordre de dates, la Grande-Bretagne (loi du 6 août 1897) (1), l'Italie (loi du 17 mars 1898) (2), l'Espagne (loi du 30 janvier 1900 (3), la Russie (loi du 2/15 juin 1903) (4) et la Belgique (loi du 26 décembre 1903) (5).

Pour ces législations, e problème à envisager est la façon dont est assuré le paiement de l'indemnité à l'ouvrier étranger qui quitte le pays, ou à ses représentants dans la même hypothèse. On sait, en effet, que la difficulté de ce paiement fait à l'étranger est la raison majeure qui avait amené la législation française de 1898 à consacrer un trai-

(1) *Ann. législ. étr.*, 1898, p. 18.
(2) *Ann. législ. étr.*, 1899, p. 392.
(3) *Ann. législ. du trav.*, 1900, p. 437.
(4) *Ann. législ. du trav.*, 1903, p. 499.
(5) *Ann. législ. du trav.*, 1903, p. 95.

tement spécial à l'ouvrier étranger. Voici, à cet égard, les diverses solutions de ces législations.

La législation anglaise distingue entre la victime et ses représentants : au premier, en cas d'invalidité permanente, elle assure une rente viagère, mais elle permet au patron de remplacer le paiement de cette rente par un capital fixé avec le consentement de l'ouvrier ou, à défaut de ce consentement, par arbitrage ; aux représentants en cas de mort elle assure une indemnité en capital égale à 3 ans de salaire. On voit donc qu'en cas de départ à l'étranger, soit de la victime soit de ses représentants, le paiement en capital est possible.

La législation italienne renferme également certaines dispositions prévoyant le paiement d'un capital en cas de mort ou d'invalidité permanente.

Il en est de même de la loi espagnole.

La loi belge (1) prévoit l'indemnité en capital aux représentants et en rente viagère en cas d'incapacité ; elle admet (art. 7) que le tiers au plus de la valeur de la rente viagère soit payé à l'ouvrier en capital.

Seule la loi russe prévoit le paiement d'une rente viagère, mais un article formel (art. 19 de la loi du 2-15 juin 1903) dispose :

« Les pensions à payer tant aux victimes elles-mêmes

---

(1) Il faut remarquer d'ailleurs que le projet primitif contenait un article 3, § 3, ainsi conçu :

« Les survivants d'un étranger, qui, au moment de l'accident, n'avaient pas leur résidence habituelle sur le territoire belge, ne sont admis à réclamer les indemnités établies par le présent article, que si les Belges jouissent de semblables avantages dans le pays d'origine de l'étranger, sans condition de résidence. » — Ce texte fut supprimé lors de la discussion. Le gouvernement a renoncé à cette disposition de l'assentiment unanime de la Chambre.

qu'aux membres de leur famille peuvent être, par accord mutuel des parties, remplacées par le paiement unique d'une somme calculée sur les bases suivantes,..... etc. »

En somme on voit que, d'une manière constante dans ces diverses législations, la possibilité légale de transformer la rente en un certain capital facilite grandement le paiement des indemnités dues à l'ouvrier ou à ses représentants, lorsque lui ou eux résident à l'étranger.

b) *Législations restrictives des droits des ouvriers étrangers*. — Ce second groupe doit lui-même être subdivisé en deux catégories, suivant que le pays n'admet pas ou admet la clause de réciprocité en faveur de certains étrangers.

I. — *Pays sans clause de réciprocité.*

Ce sont aujourd'hui :

L'Autriche (lois du 28 décembre 1887 et du 10 juillet 1894) (1) ;

Les pays scandinaves :

Le Danemark (lois des 7 janvier 1898 et 15 mai 1903) (2) ;

La Norvège (loi du 23 décembre 1899) (3) ;

La Finlande (loi du 5 décembre 1895) (4) ;

La Grèce (loi du 21 février 1901) (5).

Pour l'Autriche, la loi du 28 décembre 1887, article 42, dispose :

« Si le bénéficiaire est un étranger et s'il réside à titre permanent à l'étranger, l'établissement d'assurance peut le

____

(1) *Ann. législ. étrangère*, 1895, p. 292.

(2) Bellom, *Les lois d'assurance ouvrière à l'étranger*, t. IV, p. 1934 et t. VI, p. 3607.

(3) *Ann. législ. étrangère*, 1899, p. 572.

(4) *Ann. législ. étrangère*, 1896, p. 730.

(5) Bellom, *Ibid.*, t. VI, p. 3725.

désintéresser de son droit à la pension par le paiement d'un capital qui doit être calculé d'après les circonstances de l'espèce » (1).

C'est là la disposition fondamentale que nous allons retrouver avec quelques variantes dans la législation de ce groupe.

La loi finlandaise et la loi de la Grèce contiennent toutes deux une disposition qui ne reconnaît d'indemnité à l'ouvrier ou à ses représentants qu'en tant qu'ils résident en Grèce au moment de l'accident ou continuent d'y résider.

La loi danoise et la loi norvégienne contiennent la même disposition, mais seulement pour les représentants de l'ouvrier blessé.

II. — *Pays qui admettent la clause de réciprocité.*

Ce sont l'Allemagne, la France, la Hollande, la Suède et le Luxembourg.

C'est l'Allemagne qui est venue la première à la réciprocité par la loi du 30 juin 1900 (2), modifiant les lois d'accidents antérieures.

Le système consiste à donner à propos de chaque disposition de la loi, pouvoir au Conseil fédéral de la déclarer

(1) D'ailleurs, « cette disposition ne s'applique pas aux sujets des provinces de la monarchie hongroise, lorsque dans ces provinces, une législation analogue reconnaît aux sujets autrichiens des avantages équivalents. »

(2) *Ann. législ. du travail*, 1901, p. 7. — Avant cette loi, sous l'empire de la loi du 6 juillet 1884 (art. 6), les ayants droit d'un étranger qui n'habitaient pas sur le territoire allemand à l'époque de l'accident, n'avaient aucun droit à la pension. De même, en cas d'ouvriers étrangers cessant de résider en Allemagne, l'établissement d'assurances peut payer un capital.

inapplicable, au cas où les ouvriers allemands seraient eux-mémes protégés dans le pays considéré.

C'est ainsi que l'article 21 dispose :

« Les ayants droit d'un étranger, qui n'habitaient pas habituellement sur le territoire allemand à l'époque de l'accident, n'ont aucun droit à la rente. Par décision du Conseil fédéral, cette disposition peut cesser d'être en vigueur pour certain territoire limitrophe, ainsi que pour les sujets d'Etats étrangers dont la législation assurerait une protection équivalente aux survivants d'allemands tués par des accidents du travail. »

De même les autres dispositions spéciales concernant les étrangers, la suspension du paiement de la rente en cas de non-résidence habituelle en Allemagne et le versement d'un capital égal à trois annuités aux ayants droit de l'ouvrier étranger quittant l'Allemagne, peuvent cesser d'être en vigueur par décision du Conseil fédéral et pour les Etats étrangers dont la législation assurerait une protection équivalente aux ouvriers allemands victimes d'accidents du travail (art. 94 et 95 de la loi du 90 juin 1900).

Le Conseil fédéral a fait application de ces textes en assimilant aux ouvriers allemands les ouvriers italiens et les ouvriers austro-hongrois (1).

En effet, deux clauses ont été insérées comme annexes aux récents traités de commerce entre l'Allemagne et l'Italie du 3 décembre 1904, et entre l'Allemagne et l'Autriche-Hongrie du 19 janvier 1905 (2).

La France n'est venue, comme on le sait, à la réciprocité que tout récemment.

(1) Bellom, *Accidents du travail*, t. V, p. 2620.
(2) *Bulletin de l'Office du travail*, 1905, p. 128.

La loi du 9 avril 1898 comportait seulement deux paragraphes concernant les ouvriers étrangers :

« Les ouvriers étrangers, victimes d'accidents, qui cesseront de résider sur le territoire français recevront pour toute indemnité un capital égal à trois fois la rente qui leur avait été allouée.

« Les représentants d'un ouvrier étranger ne recevront aucune indemnité si au moment de l'accident ils ne résidaient pas sur le territoire français. »

C'était la législation restrictive que nous avons vue plus haut.

Ce n'est que la loi du 31 mars 1905 qui est venue ajouter à l'article 3 l'alinéa suivant :

« Les dispositions des trois (1) alinéas précédents pourront toutefois être modifiées par traités dans la limite des indemnités prévues au présent article pour les étrangers dont les pays d'origine garantiraient à nos nationaux des avantages équivalents. »

Cette loi est venue régulariser la situation créée par le traité de travail franco-italien du 15 avril 1904. Par ce traité en effet, avant toute modification de la loi, la France et l'Italie avaient stipulé la réciprocité de traitement et l'assimilation pour les ouvriers français en Italie et pour les ouvriers italiens en France. La loi nouvelle a mis notre législation intérieure en harmonie avec cette convention internationale.

(1) La loi nouvelle dit : des trois alinéas précédents : elle a en effet au premier des deux anciens alinéas cités au texte ajouté un troisième ainsi conçu :

« Il en sera de même pour leurs ayants droit étrangers, cessant de résider sur le territoire français, sans toutefois que le capital puisse alors dépasser la valeur actuelle de la rente d'après le tarif visé à l'article 28. »

C'est encore la réciprocité que nous trouvons dans la loi hollandaise sur les accidents du travail du 2 janvier 1901 (1).

C'est une des législations qui prévoit le plus expressément les cas d'accidents survenus à l'ouvrier étranger.

En voici les dispositions :

Les dispositions de la présente loi (2) s'appliquent également :

a) Au patron dont l'entreprise a son siège en Hollande en tant qu'il exerce son industrie à l'étranger, relativement à l'ouvrier qu'il a employé à cet effet, si l'ouvrier a son domicile en Hollande ;

b) A l'ouvrier visé sous la lettre *a* qui est victime d'un accident à l'étranger.

Les dispositions de la présente loi ne s'appliquent pas :

1° Au patron qui exerce son industrie en Hollande, mais dont l'entreprise a son siège à l'étranger, relativement à l'ouvrier qu'il a employé pour cela en Hollande et qui n'a pas son domicile en Hollande, lorsque, dans le pays où l'entreprise a son siège, il existe une assurance obligatoire contre les accidents qui ne s'applique pas relativement à l'ouvrier qui a son domicile en Hollande et qui, pour une entreprise ayant son siège en Hollande, exerce l'industrie dans le pays où l'entreprise susvisée a son siège ;

2° A l'ouvrier qui, au service du patron visé dans le n° 1, exerce l'industrie de ce dernier en Hollande sans y avoir son domicile, lorsque dans le pays où l'entreprise du patron a son siège, il existe une assurance obligatoire contre les accidents qui ne s'applique pas relativement à l'ouvrier qui a son domicile en Hollande et qui, pour une entreprise ayant son

----

(1) Bellom, *Accid. du trav.*, t. VI, p. 3811.
(2) Loi hollandaise du 2 janvier 1901, Bellom, t. VI, p. 381.

siège en Hollande, exerce l'industrie dans le pays où l'entreprise susvisée a son siège.

En somme, malgré sa complication apparente, le système est relativement assez simple : la loi prévoit deux hypothèses :

Ou bien l'entreprise dans laquelle l'accident est arrivé a son siège en Hollande : en ce cas la loi s'applique pour tout ouvrier national ou étranger à condition qu'il soit domicilié en Hollande; s'il n'a pas son domicile en Hollande, la loi ne s'applique qu'à charge de réciprocité ;

Ou bien l'entreprise a son siège à l'étranger : l'ouvrier blessé est-il domicilié en Hollande — la loi s'applique encore — au contraire, cet ouvrier n'y est-il pas domicilié, l'accident ne sera alors soumis à la loi hollandaise qu'autant qu'il y a réciprocité de la part du pays où l'industrie a son siège.

La Suède est régie par la loi du 5 juillet 1901 (1).

L'article 6 dispose que la « veuve ou l'enfant d'un ouvrier étranger n'ont aucun droit à une pension en vertu de la loi, si au moment de l'accident ils ne résidaient pas sur le territoire du Royaume ».

De même le paiement de la rente est suspendu pendant le séjour du bénéficiaire à l'étranger.

Mais le roi peut modifier les deux dispositions précédentes à condition qu'il y ait réciprocité.

Le Grand-Duché de Luxembourg est, lui aussi, au régime de la réciprocité (2). L'article 12 de la loi du 5 avril 1902 dispose :

(1) *Bull. Off. du travail*, 1901, p. 794.
(2) Loi du 5 avril 1902. Dispositions concernant les ouvriers étrangers rapportées dans la *Revue de droit international privé et de droit pénal international*, 1905, p. 926.

« Le bénéfice de la présente loi s'étend aux étrangers comme aux Luxembourgeois.

« Son application pourra être suspendue par rapport aux nationaux des Etats dont la législation refuse aux Luxembourgeois le bénéfice de la protection similaire qu'elle accorde à leurs propres citoyens. »

Comme application de cette législation il faut citer les deux conventions récentes passées par le Luxembourg :

Convention entre le Luxembourg et la Belgique, du 15 avril 1905 (1). La réciprocité est expressément prévue par l'article 1er ;

Convention entre le Luxembourg et l'Allemagne du 2 septembre 1902 (2).

En résumé, les principaux Etats industriels de l'Europe l'Angleterre, la Belgique, la France et l'Allemagne sont aujourd'hui arrivés à n'établir aucune différence entre l'ouvrier étranger et l'ouvrier national. Les clauses de réciprocité prévues par la législation allemande et française auront pour effet d'accroître encore dans l'avenir cette tendance à l'égalisation.

Malgré cette uniformité croissante, l'application de telle ou telle loi, étant donné la diversité des législations, conserve encore toute son importance et c'est maintenant la question de la loi applicable qui doit retenir notre attention.

(1) *Revue de droit international privé*, 1905, p. 917.
(2) *Ibid.*, p. 918.

II

Le conflit de lois en matière d'accidents du travail résulte du double caractère de l'accident du travail : on peut en effet l'envisager d'abord comme une sorte de quasi-délit et alors appliquer la loi du lieu où l'accident est survenu : la *lex delicti commissi*.

Ou bien on peut encore considérer l'accident du travail comme se rattachant au contrat de travail, et comme tel lui faire application de la loi du contrat, qui sera le plus souvent la loi du pays d'origine de l'ouvrier victime d'accident.

Examinons quelles sont à cet égard les solutions apportées par la jurisprudence des divers pays.

A. — *Jurisprudence française.*

Nos tribunaux sont loin d'être unanimes sur la question : mais ils semblent de plus en plus s'écarter de la première solution (loi du lieu du délit) pour se rapprocher de la seconde (loi du contrat).

En faveur de la première solution, on peut citer une décision du tribunal de Lille, du 29 décembre 1904 (1), confirmée en appel par la Cour de Douai.

Pour décider en ce sens, le tribunal s'attache à faire rentrer la loi de 1898 parmi les lois de police et de sûreté :

(1) *Revue de droit international*, 1904, p. 137.

pour ce faire, il tire argument de l'article 30 de la loi qui prohibe toute convention contraire : « ce qui est, d'après l'article 6 du Code civil, la caractéristique des lois d'ordre public. » C'est donc le principe de la territorialité qui doit dominer.

Le jugement continue :

« Attendu que le législateur a tiré les conséquences de ce principe de la loi de police par rapport à la territorialité, en édictant : 1º sous le titre II, intitulé « Déclaration des accidents et enquêtes », à peine de nullité, toute une procédure (art. 11 à 15) qui se suffit à elle-même et ne peut être appliquée lorsque l'accident s'est produit à l'étranger ; 2º sous le titre IV, intitulé « Des garanties des moyens de contrôle » (art. 23 à 28) qui ne peuvent atteindre que les patrons d'industries situées en France ; *qu'il en résulte, par cela même, en conformité des principes, que la loi de* 1898 *ne peut plus recevoir son application lorsque l'un de ces deux élé-ments, l'existence en France de l'industrie assujettie à la loi et la survenance de l'accident en France, vient à man-quer.* »

Tel est le raisonnement qui aboutit à faire appliquer à l'accident la loi du lieu où il s'est produit.

On peut voir combien cette jurisprudence est critiquable :

En premier lieu, l'argumentation tendant à ranger la loi de 1898 parmi les lois d'ordre public est loin d'être irréprochable : toutes les matières où la loi défend la convention contraire ne sont pas d'ordre public, car elle peut édicter cette défense (ce qui est le cas ici) dans un intérêt privé ;

De plus, la seconde série d'arguments est également bien faible : les dispositions de la loi qui sont relevées dans le jugement ne sont après tout que des dispositions d'ordre réglementaire, qui tranchent le cas ordinaire, l'accident survenu en France, mais qui ne sauraient avoir la portée qu'on leur veut donner. La meilleure preuve, c'est que la loi nouvelle du 31 mars 1905 contient un article 15, alinéa 6, qui dispose : « Lorsque l'accident s'est produit en territoire étranger, le juge de paix compétent dans les termes de l'article 12 et du présent article, est celui du canton où est situé l'établissement ou le dépôt auquel est attachée la victime. » Il semble bien donc qu'il n'y eut là qu'une difficulté d'application de la loi et non un motif de décider de sa territorialité.

La seconde solution tend de plus en plus à prévaloir (1) : c'est celle qui fait dominer la loi du contrat.

La Cour de Rennes a nettement formulé le point de droit: « Considérant que la loi du 9 avril 1898 s'applique non seulement aux accidents survenus dans l'établissement ou dans l'usine qui sont le siège principal de l'industrie, mais aussi aux accidents dont l'ouvrier est la victime dans les diverses succursales ou les chantiers où son patron peut l'employer ; qu'il importe peu que ce chantier soit établi dans la même ville en France, ou même, d'après l'unanimité des auteurs (?), dans un pays étranger, pourvu *que le contrat soit intervenu en France et entre Français ; Considérant qu'en effet les relations entre le patron et l'ouvrier ne se modifient pas suivant le lieu où s'exécute le contrat.* »

Pour dégager la doctrine de ces arrêts on peut considérer qu'elle s'appuie sur deux autres considérations :

Une considération de justice et d'équité qui ne veut pas que l'ouvrier subisse les conséquences d'une circonstance

(1) En ce sens : C. Rennes, 22 décembre 1902, *Revue de droit international*, 1904, p. 132 ; Trib. civ. Alais, 27 janvier 1903, *Revue de droit international*, 1904, p. 135 ; Justice de paix Lille, 10 juillet 1903, *Revue de droit international*, 1904, p 135.

en somme d'ordre relatif et contingent, le travail exécuté à l'étranger ;

Une considération pratique qui, suivant la formule du jugement de Nantes, n'entend pas « subordonner l'existence même de l'action de l'ouvrier au fonctionnement normal et régulier de la procédure instituée » ; on peut d'ailleurs faire toute cette procédure au domicile de l'ouvrier blessé.

Enfin « l'élévation des frais généraux qui grèvent de pareils contrats, soit par suite du taux des salaires, soit par suite du chiffre excessif des primes d'assurances qui peuvent obliger le patron à être son propre assureur, n'est pas de nature à faire écarter l'application de la loi » (1).

En résumé, la jurisprudence française paraît s'orienter, évidemment inspirée par la considération pratique de la réparation de l'accident, vers la loi du contrat.

Dans aucune des trois décisions rapportées, il ne s'agissait d'un ouvrier étranger ou d'un patron étranger, et c'est le contrat passé en France entre Français que la jurisprudence déclare applicable Qu'aurait-on décidé au cas où l'une des deux parties eût été étrangère ? Les principes en ce cas exigent l'application de la loi du lieu du contrat. Mais les hypothèses de fait où ils ont eu à décider n'ont pas amené nos tribunaux à aller aussi loin. C'est cependant le corollaire logique de leur système.

B. — *Jurisprudence étrangère.*

A l'étranger, le principe de l'application de la loi du contrat a été reconnu par la Suisse.

C'est ainsi que la Cour d'appel de Zurich, par une décision

(1) Considérant de la Cour de Rennes, *loc. cit.*, p. 134.

R. — 9

en date du 5 novembre 1904 (1), a décidé qu'il y avait lieu d'appliquer la loi française du 9 avril 1898 à l'ouvrier blessé en France pendant la durée d'un contrat de louage de services, conclu en France, pour des travaux à exécuter en France, alors que l'ouvrier ainsi engagé habitait la France, avant, pendant la durée et à l'expiration de ce contrat.

Les considérants de la Cour d'appel sont d'une extrême netteté :

« C'est à bon droit que le juge de première instance a tranché la question de savoir quelle était la loi applicable dans ce sens qu'il y avait lieu de se référer exclusivement aux dispositions de la loi française. Les responsabilités en matière d'accidents du travail appartiennent PAR ESSENCE au droit des obligations et ont un caractère contractuel. »

Les dispositions de la loi des accidents sont partie intégrante du contrat de louage de services intervenu entre l'employeur et l'employé.

« Dès lors, puisque le droit à une indemnité découle de la responsabilité qui incombe au fabricant envisagé comme patron, la question de savoir quelle sera la loi applicable se confond avec celle de savoir si le contrat de louage de services est régi par le droit français ou le droit suisse.

En l'espèce, il s'agissait d'un ouvrier engagé par une fabrique suisse par contrat passé en France. C'est parce que d'après les circonstances de fait tous les effets du contrat devaient se produire en France, que la Cour de Zurich déclare la loi française applicable.

Le Tribunal fédéral suisse, par une décision du 4 mars 1892 (2), avait déjà fait application de ces principes. Bien que l'accident se fut produit à l'étranger où l'ouvrier tra-

---

(1) *Revue de droit international privé*, 1905, p. 384.
(2) *Journ. de dr. int. privé*, 1892, p. 1064.

vaillait par occasion, c'est la loi suisse, la loi du contrat, qui avait été déclarée applicable.

Enfin l'Allemagne s'inspire aussi de la même idée. Une décision de l'Office impérial des assurances du 19 novembre 1904 semble bien, quoique moins nettement, se rattacher aux mêmes principes, ou plutôt à un principe légèrement différent, mais analogue. C'est l'industrie qu'il faut ici considérer : celle-ci a-t-elle des annexes en territoire étranger, l'accident survenu dans l'exercice de cette industrie sera régi par la loi allemande. S'agit-il, au contraire, d'une industrie étrangère, l'application de la loi allemande n'est plus possible au cas d'accident survenu à l'étranger.

Voici les motifs de cette décision :

« Sans doute, l'assurance d'une industrie n'est pas en toutes circonstances limitée dans ses effets au territoire sur lequel cette industrie s'exerce principalement : l'assurance garantit aussi les annexes de cette industrie qui déploient leur activité sur un territoire étranger. Il n'en est toutefois ainsi qu'autant que les travaux à entreprendre à l'étranger ne sont pas d'une importance ou d'une durée telles qu'ils apparaissent, non plus comme une extension de l'industrie nationale, mais comme une industrie indépendante » (1).

En somme le critérium est, en quelque sorte matérialisé : au lieu de prendre le contrat, l'Allemagne semble s'attacher à l'industrie elle-même.

Mais beaucoup d'autres pays semblent au contraire s'orienter vers la loi du lieu de l'accident.

Nous citerons à cet égard la Belgique :

Deux décisions du tribunal civil d'Arlon, des 13 et

(1) *Revue de droit international privé*, 1905, p. **749**.

20 juillet 1904, ont déclaré applicable la loi du lieu où l'accident s'est produit (1).

Les attendus de l'un de ces deux jugements sont longuement motivés : la doctrine peut se résumer à peu près comme il suit :

a) la loi qui régit la réparation des accidents du travail est une loi de police et de sûreté, et comme telle oblige tous ceux qui habitent le territoire;

b) il y a d'ailleurs présomption de volonté que celui qui s'engage comme travailleur à l'étranger chez un étranger entend se soumettre à la loi du pays où le contrat de travail est exécuté, mais « la loi qui doit régir les rapports des deux parties doit être une loi unique qui, dans l'espèce, à raison de la différence de nationalité des intéressés, est celle du lieu de l'accident : c'est à celle-là qu'il y a lieu de présumer que les parties ont voulu se rapporter ».

On peut également citer dans le même sens une décision de la Cour d'appel de Liège du 21 juin 1905 (2).

Cet arrêt est d'autant plus remarquable que la juridiction belge a formellement déclaré que l'on ne pouvait considérer comme contraire à une disposition d'ordre public en Belgique, ni la loi luxembourgeoise (1re espèce) du 5 juin 1902, ni la loi française du 9 avril 1898 (2e espèce), alors même que ces deux lois restreignent dans des conditions diverses le droit des représentants de la victime.

A cette même tendance, se rattache également l'Italie.La

(1) *Revue de droit international privé*, 1905, p. 539. — Espèce : ouvrier belge au service d'une société luxembourgeoise blessé au Luxembourg. Il faut remarquer que cette décision est antérieure à la loi belge récente : loi du 24 décembre 1903 qui n'a été applicable que le 1er juillet 1905.

(2) *Journal de droit international privé*, 1906, p. 216 : Sommaire d'après la *Belgique judiciaire*, 1905, p. 968.

Cour d'appel de Gênes, par arrêt du 30 septembre 1898 (1), a décidé que dans le cas d'un accident survenu en Italie à un ouvrier italien employé par une Compagnie allemande, la loi allemande n'était pas applicable, mais bien la loi italienne comme loi du lieu de l'accident.

« L'inapplicabilité de la loi allemande résulte de l'article 9 des dispositions préliminaires du Code civil italien, d'après lequel et conformément à la règle *locus regit actum*, la substance et les effets des obligations sont réglés par la loi du lieu où les obligations ont pris naissance ; disposition qui par la généralité même de ses termes, comprend tant les obligations contractuelles que celles qui dérivent de faits spéciaux. Or, l'obligation dont le demandeur réclame l'exécution, qu'elle dérive du contrat de louage d'ouvrage ou d'un délit ou d'un quasi-délit, a dans tous les cas *son fondement dans un fait* qui s'est passé à Gênes, et par conséquent doit être réglé par la loi italienne ».

Le Luxembourg enfin paraît adopter cette même tendance: La Cour supérieure de justice du 4 juillet 1902 (2) a également déclaré applicable la loi du lieu de l'accident. Cette décision est curieuse à noter, parce qu'elle admet l'application de la législation française refusant tout droit aux représentants de l'ouvrier luxembourgeois ne résidant pas en France ; en voici le motif :

La législation nationale prévoyant qu'éventuellement l'ouvrier étranger peut être traité autrement que l'ouvrier indigène, le juge luxembourgeois ne saurait méconnaître les

____

(1) S. 1901.4.1. — Cette décision porte sur des faits antérieurs à la loi Italienne du 17 mars 1898, relative aux accidents du travail.

(2) *Revue de droit international privé*, 1905, p. 38. — Ouvrier luxembourgeois au service d'une société française, blessé en France et mort des suites de l'accident.

dispositions exceptionnelles que les législations étrangères ont consacrées de leur côté.

Enfin la jurisprudence américaine semble s'orienter du côté de la loi de l'accident.

C'est ce qu'a décidé par exemple la Cour suprême de Michigan, dans l'affaire Turner contre Saint-Clair Tunnel Company : lorsqu'un ouvrier employé par un entrepreneur américain a la construction d'un tunnel entre -les Etats-Unis et un pays étranger, le Canada en l'espèce, était blessé, alors qu'il travaillait sur territoire étranger, c'est la loi du pays étranger qui devait être consultée quant au point de savoir si la victime de l'accident avait ou non droit à l'indemnité (1).

Ainsi cette rapide revue de jurisprudence nous a mis en présence de deux tendances bien marquées : la loi du contrat ou la loi du lieu de l'acident.

Au point de vue des résultats pratiques, à savoir la réparation du dommage causé à l'ouvrier, les deux systèmes sont en somme équivalents : il pourrait sembler que la loi du lieu de l'accident soit plus favorable, comme garantissant de toute façon cette réparation. Mais on l'a vu par l'espèce du Luxembourg, elle peut dans certains cas entraîner l'absence totale de réparation. Inversement, la loi du contrat a été invoquée par les tribunaux français précisément comme un moyen d'obtenir réparation pour des accidents qui sans cela eussent laissé l'ouvrier sans recours.

Il nous reste à voir maintenant, en doctrine, laquelle de ces deux solutions peut paraître préférable.

(1) *American Law Review*, t. **XXXI**, p. 625.

III

Les solutions apportées par la doctrine au conflit de lois qui nous occupe, à savoir la loi applicable à l'accident survenu en pays étranger, sont tout aussi divergentes que celles de la jurisprudence.

On y rencontre les deux théories avec une prédominance cependant en faveur de la loi du lieu de l'accident.

M Wahl (1) arrive à cette solution en démontrant que l'accident du travail ne rentre ni dans les obligations contractuelles, puisque l'article 30 de la loi prohibe toute convention contraire, ni dans les obligations délictuelles, puisque la réparation de l'accident est due même en l'absence de faute. C'est donc une obligation dérivant de la loi. Il faut alors appliquer purement et simplement la loi du lieu de l'accident. Cependant **M. Wahl**, prévoyait dès cette date l'évolution de jurisprudence que nous avons retracée : « à en juger par les précédents, on peut considérer comme vraisemblable que la jurisprudence française appliquera la loi de 1898 aux accidents survenus dans un pays étranger, si le patron est français et peut-être même également si le patron de nationalité étrangère, avait en France un établissement. Mais de toute manière il est douteux qu'elle parvienne à justifier la solution qu'elle adoptera à cet égard ».

(1) Note S. 1901.4.1, sous arrêt Gênes, 30 septembre 1898.

M. Sachet (1) arrive à la même conclusion par une autre voie : il pose en effet deux principes :

1° La loi de 1898 est une loi d'ordre public. Comme telle, elle régit tous les accidents survenus en territoire français ;

2° les accidents survenus à l'étranger sont encore régis par la loi française, si l'exploitation a son siège social en France et si les ouvriers occupés ont été embauchés en France. La loi de 1898 est en effet une modification d'ordre public au contrat de louage et s'impose par la même au patron ayant le siège de son industrie en France et employant des ouvriers embauchés en France.

Ce n'est qu'au cas d'ouvriers embauchés à l'étranger par une exploitation française, pour des travaux à exécuter à l'étranger, que la loi du lieu de l'accident serait applicable.

Pareille construction doctrinale manque assurément de rigueur juridique : si l'on part du caractère d'ordre public de la loi de 1898, cette loi ne peut avoir d'effet au delà des frontières : car on ne saurait assurément soutenir qu'elle est d'ordre public international.

Telle est aussi la solution de M. Weiss (2), implicite tout au moins, car l'auteur ne range pas expressément les accidents du travail parmi les délits et quasi-délits auxquels il fait application de la loi du lieu du délit.

La solution contraire, déclarant la loi du contrat applicable, a été soutenue par M. Pic (3) : pour lui, l'assurance-acci-

(1) *Traité théorique et pratique de la législation sur les accidents du travail*, t. I, n° 250.

(2) *Traité théorique et pratique de droit international*, t. IV, p. 391. — Cf. les nombreux auteurs cités. Cf. Laurent, *Droit civil international*, t. VIII, p. 79.

(3) P. Pic, « Le IV⁰ Congrès de l'Association internationale des travailleurs. Les travaux des commissions ». *Questions pratiques de législation ouvrière*, février 1905, p. 40.

dent résulte du contrat de travail et se rattache au droit privé (1). C'est également à la loi du contrat qu'arrive M. Dreyfus dans le remarquable ouvrage sur l'« Acte juridique en droit privé international » (2). « Le louage de travail sera régi par la loi du pays où le travail est fourni, où l'ouvrier, l'employé déploie normalement et en principe son activité. C'est à ce critérium que l'on devra notamment faire appel pour fixer la compétence des lois relatives aux délais de congé, à la solution des conflits entre patrons et ouvriers et employés, aux accidents du travail ».

C'est enfin la thèse que soutint au Congrès de Bâle (3) en septembre 1904 M. Millerand, représentant de la Section nationale française de la protection légale des travailleurs : toutes les assurances sociales dérivent, à son sens, du contrat de travail.

Tel est le bref résumé de la doctrine : en théorie pure, il semble bien que ce soit la théorie de la loi du lieu de l'accident qui soit vraie, si l'on s'en tient à la stricte application du principe. D'autre part, et la chose est notable, la pratique à maintes reprises, aussi bien en France que dans les autres pays, n'a pas cru pouvoir se contenter d'une solution aussi simpliste et nous constatons de tous côtés des efforts pour échapper à la stricte application de la loi du lieu de l'accident. Nous en citerons ici trois exemples particulièrement typiques :

(1) Au contraire les assurances, vieillesse, invalidité, chômage, se rattachent au droit public et comme telles ne sont applicables en principe qu'aux seuls nationaux.

(2) Thèse Paris, 1904, p. 324.

(3) C'était aussi l'opinion de M. Feigenweiter, rapporteur de la question discutée : l'application des lois nationales sur les assurances aux ouvriers étrangers.

C'est d'abord pour la France, le nouvel article 15, 6e alinéa de la loi de 1898, modifié par la loi du 31 mars 1905, qui dispose :

« Lorsque l'accident s'est produit en territoire étranger, le juge de paix compétent, dans les termes de l'article 12 et du présent article, est celui du canton où est situé l'établissement ou le dépôt auquel est attachée la victime » (1).

Ce texte paraît bien admettre implicitement l'extension de la loi de 1898 aux accidents survenus à l'étranger.

C'est en second lieu une convention relative à un point spécial, passée entre la Suisse et l'Italie, relativement aux accidents survenus dans le tunnel du Simplon. Normalement, la compétence devrait se départager selon les deux galeries d'accès Nord (Suisse) et Sud (Italienne). Cependant, pour plus de commodité et sur l'exprès désir du gouvernement italien, le juge instructeur de Brigue fut chargé de recevoir les avis des accidents survenus dans le tunnel du Simplon sur le côté italien et d'instruire les enquêtes conformément à la loi italienne du 17 mars 1898 ; les pièces de l'enquête sont ensuite transmises au procureur du roi à Domodossola (2).

Ce sont enfin les dispositions expresses de plusieurs lois étrangères, notamment de la loi allemande du 30 juin

____

(1) Le rapport de M. Mirman (*J. off.*, 1904, Chambre, Déb. parl., p. 3317) vise expressément le cas de mécaniciens montés sur des machines, qui, partis d'une gare française, ont passé la frontière. — Cf. déjà dans le même sens, avis du Comité consultatif des assurances contre les accidents du travail, 7 mars 1900 ; circulaire du garde des sceaux du 22 août 1901, Office du travail, *Recueil des documents sur les accidents du travail*, p. 178.

(2) Rapport du Conseil fédéral à l'assemblée fédérale sur sa gestion en 1903, département politique.

1900 (1) et de la loi luxembourgeoise du 5 avril 1902 (2), qui visent dans des cas spéciaux l'application de la loi nationale aux accidents survenus à l'étranger.

Il y a dans ces tendances de la pratique des indications précieuses dont il faut tenir compte pour édifier une théorie conforme à la réalité des faits.

Il nous semble donc que l'accident survenu à l'étranger ne doit être régi ni par la loi du contrat de travail, ni par la loi du lieu de l'accident : on ne peut en effet s'en tenir ici ni

---

(1) Le chancelier de l'Empire est autorisé à conclure, sauf approbation par le Conseil fédéral, avec les gouvernements des Etats qui assurent aux ouvriers et employés techniques une protection correspondant à l'assurance allemande contre les accidents, et à condition qu'il y ait réciprocité, des accords par lesquels :

1° La loi ne sera pas applicable aux exploitations situées dans le pays, mais qui font partie d'une entreprise étrangère ;

2° La loi est applicable aux exploitations situées à l'étranger, qui constituent une partie d'une exploitation nationale assujettie.

(2) Loi luxembourgeoise du 5 avril 1902 [Bellom, *op.*, *cit.*VI, p. 3755].

ART. 3. -- Les entreprises étrangères sont soumises à l'application de la présente loi du chef du personnel qu'elles occupent passagèrement dans le Grand-Duché ; elles pourront cependant en être dispensées par le gouvernement si ce personnel est garanti qu'en cas d'accident il jouira d'une protection identique ou similaire à celle accordée par la présente loi.

Le gouvernement pourra également étendre, avec l'approbation du gouvernement étranger afférent, l'application de la présente loi au personnel occupé passagèrement à des travaux exécutés à l'étranger par une entreprise indigène, soumise elle-même aux dispositions de la présente loi.

Comme conséquence naturelle de cette disposition, les patrons assujettis peuvent être tenus de la cotisation.

ART. 40. — Les chefs d'entreprise dont le siège est à l'étranger, mais qui exercent passagèrement dans le Grand-Duché une industrie soumise à l'assurance, peuvent être tenus par le comité directeur de l'Association au paiement de la cotisation ordinaire augmentée de 50 0/0 et à la constitution d'un cautionnement (Bellom, t. VI, p. 3373).

l'une ni à l'autre de ces théories opposées : l'accident de travail n'est pas seulement l'accessoire du contrat de travail, puisque la loi intervient d'office pour en imposer la réparation — ni davantage un délit ou un quasi-délit ordinaire, puisqu'une législation spéciale est venue précisément écarter l'article 1382 du Code civil. Il faudrait, à notre sens, pour arriver à une solution exacte du conflit de lois qui nous occupe, reprendre l'idée fondamentale du risque professionnel, base de presque toutes les législations sur la question, et étendre cette idée aux relations internationales : on arriverait ainsi à l'idée du risque professionnel international.

Qu'est-ce à dire ? De même qu'au point de vue d'un pays donné, on admet que la réparation de l'accident est une des charges de l'industrie devant être comprise dans ses frais généraux, de même l'emploi d'ouvriers étrangers constituerait entre Etats une sorte de charge réciproque donnant lieu à réparation de la part du pays qui les occupe : ce serait alors le traité de travail, concernant ce point spécial, qui serait au point de vue international, la loi des parties, je veux dire, des deux Etats intéressés.

Des accords spéciaux arrivent ainsi de plus en plus au régime de la réciprocité et par là même l'application de telle ou telle loi perd presque complètement tout son intérêt pratique. En l'absence de traité, il faudrait maintenir que l'accident survenu à l'étranger à un ouvrier national est régi par la loi nationale de cet ouvrier : l'Etat auquel appartient cet ouvrier est à son égard responsable de la réparation de l'accident, sauf le cas où par stipulations expresses il a assuré la réparation de cet accident de la part de l'Etat étranger.

En somme, on arriverait à cette formule : en dehors de

la réciprocité stipulée par traités, c'est la loi du pays où travaille cet ouvrier qui est compétente. Telle serait la conséquence dernière de l'idée du risque professionnel envisagée au point de vue international.

Il est probable d'ailleurs que toutes ces discussions doctrinales perdront de plus en plus leur intérêt et leur actualité, à mesure que continuera de se généraliser la pratique des traités de travail.

L'essentiel est encore que l'ouvrier, d'une façon ou de l'autre, trouve toujours la réparation du préjudice causé et ne puisse voir invoquer contre lui les subtilités d'un droit variable suivant les frontières, alors que celles-ci disparaissaient au moment où il s'agissait de l'embaucher et de le faire travailler à l'étranger.

CONCLUSION

Les études qui précèdent établissent combien le droit international ouvrier est loin de constituer aujourd'hui une science complète et définitive. Même sur les points où la formation de ce droit est la plus avancée, bien des problèmes restent encore à résoudre, notamment au point de vue de la protection internationale du travail.

Ces lacunes et ces imperfections, loin de rebuter les efforts, doivent au contraire les augmenter et les encourager.

Le droit international a eu jadis à subir les mêmes retards et à surmonter les mêmes difficultés : mais ses progrès au cours du xixe siècle sont la meilleure réponse à ceux qui douteraient aujourd'hui du droit international ouvrier.

Le souci universel des questions sociales et l'acuité du problème ouvrier posé dans chaque pays dont la solution n'est vraiment possible que par des accords internationaux, seront pour l'avenir du droit international ouvrier un ferme appui et un gage de succès.

Comme le disait fort bien M. le conseiller fédéral Deucher en parlant des résultats de la conférence de Berne:

« Une grande conquête est acquise : la glace est rompue, le premier pas est fait et il est permis d'espérer qu'il sera possible de marcher allègrement en avant dans la voie désormais ouverte... »

De plus en plus la solidarité internationale des peuples et des travailleurs ne sera pas un vain mot.

ANNEXES

ANNEXE I

Traité de travail franco-italien du 15 avril 1904.

CONVENTION

Le Président de la République française et Sa Majesté le roi d'Italie désirant, par des accords internationaux, assurer à la personne des travailleurs des garanties de réciprocité analogues à celles que les traités de commerce ont prévues pour les produits du travail et particulièrement : « 1° faciliter à leurs nationaux travaillant à l'étranger la jouissance de leurs épargnes et leur ménager le bénéfice des assurances sociales ; 2° garantir aux travailleurs le maintien des mesures de protection déjà édictées en leur faveur et concourir au progrès de la législation ouvrière, ont résolu de conclure à cet effet une convention et ont nommé pour leurs plénipotentiaires :

Le Président de la République française,

Son Excellence M. Camille Barrère, ambassadeur de France près Sa Majesté le roi d'Italie ;

M. Arthur Fontaine, directeur du travail au ministère du commerce de France ;

Sa Majesté le roi d'Italie ;

Son Excellence M. Tommaso Tittoni, son ministre des affaires étrangères ;

Son Excellence M. Luigi Luzzatti, son ministre du Trésor ;

Son Excellence M. Luigi Rava, son ministre de l'agriculture, de l'industrie et du commerce ;

Son Excellence M. le comte Enrico Stelluti Scala, son ministre des postes et des télégraphes ;

Lesquels, après avoir échangé leurs pleins pouvoirs, trouvés en bonne et due forme, sont convenus des articles suivants :

Art. 1er. — Des négociations seront engagées à Paris après la ratification de la présente convention, pour la conclusion d'arrangements fondés sur les principes énoncés ci-après et destinés à régler le détai l de leur application, — exception faite pour l'arrangement relatif à la Caisse nationale d'épargne de France et à la Caisse d'épargne postale d'Italie, prévu sous le paragraphe A ci-dessous, qui sera annexé à la convention.

a) Les fonds versés à titre d'épargne, soit à la Caisse nationale d'épargne de France, soit à la Caisse d'épargne postale d'Italie, pourront, sur la demande des intéressés, être transférés sans frais de l'une des caisses à l'autre, chacune de ces caisses appliquant aux dépôts ainsi transférés les règles générales qu'elle applique aux dépôts effectués chez elle par les nationaux.

Un régime de transfert, sur des bases analogues, pourra être institué entre diverses caisses d'épargne privées de France et d'Italie, ayant leur siège dans de grandes agglomérations industrielles ou dans des villes frontières. Sans comporter la gratuité absolue des transferts, ce régime stipulera le concours des administrations postales, soit gratuit, soit à tarif réduit.

b) Les deux gouvernements faciliteront, par l'entremise tant des administrations postales que des Caisses nationales, le versement des cotisations des Italiens résidant en France à la Caisse nationale de prévoyance d'Italie et des Français résidant en Italie à la Caisse nationale des retraites de France. Ils faciliteront de même le payement en France des pensions acquises, soit par des Italiens, soit par des Français, à la Caisse nationale italienne et réciproquement.

c) L'admission des ouvriers et employés de nationalité italienne à la constitution de retraites de vieillesse et peut-être d'invalidité, dans le régime général des retraites ouvrières actuellement élaboré par le Parlement français, ainsi que la participation des ouvriers et employés de nationalité française au régime des retraites ouvrières en Italie, seront réglées aussitôt après le vote de dispositions législatives dans les pays contractants.

La part de pension correspondant aux versements de l'ouvrier ou employé ou aux retenues faites sur son salaire lui sera acquise intégralement.

En ce qui concerne la part de pension correspondant aux contributions patronales, il sera statué par l'arrangement, dans des conditions de réciprocité.

La part de pension à provenir éventuellement de subventions budgétaires sera laissée à l'appréciation de chaque Etat et payée sur les ressources à ses nationaux ayant acquis une retraite dans l'autre pays.

Les deux Etats contractants faciliteront par l'entremise tant des administrations postales que de leurs Caisses de retraite, le paiement en Italie des pensions acquises en France et réciproquement.

Les deux gouvernements étudieront, pour les ouvriers et employés ayant travaillé successivement dans les deux pays pendant des périodes minima à déterminer, sans remplir dans aucun des deux les conditions requises pour les retraites ouvrières, un régime spécial d'acquisition de retraite.

d) Les ouvriers et employés de nationalité italienne, victimes en France d'accidents par le fait ou à l'occasion du travail, ainsi que leurs représentants résidant en France, auront droit aux mêmes indemnités que les Français et réciproquement.

Les Italiens bénéficiaires de rentes cessant de résider en France, ainsi que les représentants de la victime qui ne résideraient pas en France au moment de l'accident, auront droit à des indemnités à déterminer. Les capitaux constitutifs de ces indemnités, évalués d'après un tarif annexé à l'arrangement, pourront être versés à la Caisse nationale italienne de prévoyance, à charge par elle d'assurer le service des rentes. La Caisse nationale italienne d'assurance contre les accidents du travail acceptera également, suivant tarif conventionnel, pour le risque d'indemnité aux représentants ne résidant pas en France des ouvriers italiens victimes d'accidents, les réassurances des assureurs français désireux de se décharger éventuellement de toutes recherches et démarches à cet égard. Des avantages équivalents seront réservés, par réciprocité, pour les Français victimes d'accidents du travail en Italie.

e) L'admission des ouvriers et employés italiens, en France, à des institutions d'assurances ou de secours contre le chômage subventionnées par les pouvoirs publics, l'admission des ouvriers et employés français, en Italie, aux institutions de même nature, seront réglées, le cas échéant, après le vote dans les deux pays de dispositions légales relatives à ces institutions.

f) Les arrangements prévus au présent article seront conclus pour une durée de cinq années. Les deux parties contractantes devront se prévenir mutuellement une année à l'avance, si leur intention est d'y mettre fin à l'expiration de ce terme. A défaut d'un tel avis, l'arrangement sera prorogé d'année en année, pour un délai d'un an, par tacite reconduction.

ART. 2. — *a*) Les deux gouvernements détermineront, pour éviter les erreurs ou les fausses déclarations, la nature des pièces à présenter aux consulats italiens, par les jeunes Italiens embauchés en France, ainsi que la forme des certificats à fournir aux mairies par les dits consulats, avant délivrance aux enfants des livrets prescrits par la législation sur le travail des enfants. Les inspecteurs du travail se feront représenter les certificats à chaque visite ; ils retireront les livrets indûment détenus.

b) Le gouvernement français organisera des comités de patronage comprenant, autant que possible, des Italiens parmi leurs membres, pour les régions industrielles où seront employés en grand nombre de jeunes Italiens logés en dehors de leurs familles par des intermédiaires.

c) Les mêmes mesures seront prises pour la protection des jeunes ouvriers français en Italie.

ART. 3. -- Au cas où l'initiative serait prise par l'un des deux Etats contractants ou par un des Etats avec qui ils entretiennent des relations diplomatiques, de convoquer divers gouvernements à une conférence internationale dans le but d'unifier, par des conventions, certaines dispositions des lois protectrices des travailleurs, l'adhésion de l'un des deux gouvernements au projet de conférence entraînerait, de la part de l'autre gouvernement, une réponse favorable en principe.

ART. 4. — Au moment de signer cet accord, le gouvernement italien prend l'engagement de compléter l'organisation dans tout le royaume, et particulièrement dans les régions où le travail industriel est développé, d'un service d'inspection fonctionnant sous l'autorité de l'Etat et offrant, pour l'application des lois, des garanties analogues à celle que présente le service de l'inspection du travail en France.

Les inspecteurs feront observer les lois en vigueur sur le travail des femmes et des enfants, et notamment les prescriptions qui concernent : 1° l'interdiction du travail de nuit ; 2° l'âge d'admission au travail dans les ateliers industriels ; 3° la durée du travail journalier ; 4° l'obligation du repos bebdomadaire.

Le gouvernement italien s'engage à publier un rapport annuel détaillé sur l'application des lois et règlements relatifs au travail des femmes et des enfants.

Le gouvernement français prend le même engagement.

Le gouvernement italien déclare en outre qu'il a l'intention de mettre à l'étude et de réaliser graduellement la réduction progressive de la durée du travail journalier des femmes dans l'industrie.

ART. 5. — Chacune des deux parties contractantes se réserve la faculté de dénoncer à toute époque la présente convention et les arrangements prévus à l'article 1ᵉʳ, en faisant connaître son intention un an d'avance, s'il y a lieu de reconnaître que la législature relative au travail des femmes et des enfants n'a pas été respectée par l'autre partie, sur les points énoncés spécialement à l'article 4, alinéa 2, faute d'une inspection suffisante, ou par suite de tolérances contraires à l'esprit de la loi, ou que le législateur aura diminué sur les mêmes points la protection édictée en faveur des travailleurs.

Art. 6. — La présente convention sera ratifiée et les ratifications seront échangées à Rome aussitôt que possible.

En foi de quoi les plénipotentiaires ont signé la présente convention et y ont apposé leurs cachets.

Fait à Rome, en double expédition, le 15 avril 1904.

(*L. S.*) Camille Barrère.   (*L. S.*) Tittoni.
(*L. S.*) Arthur Fontaine.   (*L. S.*) L. Luzzatti.
                                      (*L. S.*) L. Rava.
                                      (*L. S.*) E. Stelluti Scala.

PROTOCOLE

Enfin le *protocole* concernant la convention franco italienne est ainsi conçu :

Au moment de procéder à la signature de la convention en date de ce jour les plénipotentiaires soussignés se référant à l'article 5 de cette convention ont, d'un commun accord, déclaré ce qui suit :

La loi française sur le travail des enfants et des femmes, visée par l'article 5 de la convention, est celle du 2 novembre 1892, modifiée par l'article 1 de la loi du 30 mars 1900. Toutefois il est entendu que, éventuellement, les modifications à ladite loi déjà votée par le Sénat français à la date du 24 mars 1904, dans la mesure où elles prendraient force légale par le vote des deux Chambres, se substitueraient aux dispositions actuellement en vigueur pour l'appréciation prévue à l'article 5 de ladite convention.

La loi italienne sur le travail des enfants et des femmes, visée par l'article 5 de la convention, est celle du 29 juin 1902. Il sera tenu compte, pour les appréciations prévues audit article 5 : en France, des avis de la Commission supérieure du travail dans l'industrie, établie par la loi du 2 novembre 1902, et du Conseil supérieur du travail ; en Italie du Conseil supérieur du travail, organisé par la loi du 29 juin 1902.

ANNEXE II

Arrangement relatifs aux Caisses d'épargne.

Le gouvernement de la République française et le gouvernement de Sa Majesté le roi d'Italie, désirant assurer des facilités nouvelles aux déposants à la Caisse nationale d'épargne de France et à la Caisse d'épargne postale d'Italie, sont convenus de ce qui suit :

Art. 1er. — Les fonds versés à titre d'épargne soit à la Caisse nationale d'épargne de France, soit à la Caisse d'épargne postale d'Italie, pourront, sur la demande des intéressés et jusqu'à concurrence d'un maximum de 1.500 francs, être transférés sans frais de l'une des caisses dans l'autre, et réciproquement.

Les demandes de transferts internationaux sont reçues, en France et en Italie, dans tous les bureaux de poste chargés, dans ces pays, du service de la caisse d'épargne.

Les fonds transférés seront, notamment en ce qui concerne le taux et le calcul des intérêts, les conditions de remboursement, d'achat et de revente de rentes ou d'acquisition de carnets de rentes viagères, soumis aux lois, décrets, arrêtés et règlements régissant le service de l'administration dans la caisse de laquelle ces fonds auront été transférés.

Art. 2. — Les titulaires de livrets de la Caisse nationale d'épargne de France ou de la Caisse d'épargne postale d'Italie pourront obtenir, sans frais, le remboursement, dans l'un de ces pays, des sommes déposées par eux à la caisse d'épargne de l'autre pays.

Les demandes de remboursements internationaux, rédigées sur des formules spéciales mises à la disposition du public, seront déposées par les intéressés entre les mains du chef de bureau ou du receveur des postes de leur résidence, qui les fera parvenir, en franchise de port, à la caisse d'épargne détentrice des fonds.

Les remboursements seront effectués en vertu d'ordres de payement qui ne pourront excéder 1.500 francs chacun.

Les ordres de remboursement seront payables seulement dans les établissements de poste ou autres chargés du service de la caisse d'épargne. Ils seront adressés, directement et en franchise de port, par la caisse d'épargne qui les aura délivrés, aux bureaux désignés pour le payement.

Art. 3. — Chaque administration se réserve le droit de rejeter les demandes de transferts ou de remboursements internationaux qui ne rempliraient pas les conditions exigées par ses règlements intérieurs.

Art. 4. — Les sommes transférées d'une caisse dans l'autre porteront intérêt à charge de l'administration primitivement détentrice des fonds jusqu'à la fin du mois pendant lequel cette demande s'est produite, et à charge de l'administration qui accepte le transfert à partir du premier jour du mois suivant.

Art. 5. — Il sera établi, à la fin de chaque mois, par la Caisse nationale d'épargne de France et la Caisse d'épargne postale d'Italie, un décompte des sommes qu'elles se doivent respectivement du chef des opérations faites pour le service de la caisse d'épargne, et, après vérification contradictoire de ces décomptes, la caisse reconnue débitrice se libérera, dans le plus bref délai possible, envers l'autre caisse, au moyen de traites ou chèques sur Rome ou Paris.

Art. 6. — La caisse d'épargne de chacun des pays contractants pourra correspondre directement et en franchise, par la voie postale, avec la caisse de l'autre pays.

Art. 7. — Les bureaux de poste des deux pays se prêteront réciproquement concours pour le retrait des livrets à régler ou à vérifier.

L'échange des livrets entre la caisse d'épargne de chaque pays et les bureaux de poste ou agence de l'autre pays aura lieu en franchise.

Art. 8. — La Caisse nationale d'épargne de France et la Caisse d'épargne postale d'Italie arrêteront d'un commun accord, après entente avec les administrations des postes des deux pays, les mesures de détail et d'ordre nécessaires pour l'exécution du présent arrangement, y compris celles relatives au change.

Art. 9. — Chaque partie contractante se réserve la faculté, dans le cas de force majeure ou de circonstances graves, de suspendre en tout ou en partie les effets de la présente convention.

Avis devra en être donné à l'administration correspondante par la voie diplomatique.

L'avis fixera la date à partir de laquelle le service international cessera de fonctionner.

Art. 10. — Le présent arrangement aura force et valeur à partir du jour dont les caisses d'épargne des deux pays conviendront, dès que la promulgation en aura été faite d'après les lois particulières à chacun des deux États.

Sauf les cas prévus à l'article 5 de la convention en date de ce même jour, il demeurera obligatoire pendant une durée de cinq années. Les deux parties contractantes devront se prévenir mutuellement, une année à l'avance, si leur intention est d'y mettre fin à l'expiration de ce terme. A défaut d'un tel avis, il sera prorogé d'année en année, pour un délai d'un an, par tacite reconduction.

Lorsque l'une des deux parties contractantes aura annoncé à l'autre son intention d'en faire cesser les effets, l'arrangement continuera d'avoir son exécution pleine et entière pendant les douze derniers mois, sans préjudice de la liquidation et du solde des comptes entre les caisses d'épargne des deux pays après l'expiration dudit terme.

En foi de quoi, les soussignés, à ce dûment autorisés, ont dressé le présent acte auquel ils ont apposé leurs signatures et leurs cachets.

Fait en double expédition, à Rome, le 15 avril 1904,

(*L*. *S*.) Camille Barrère.	(*L*. *S*.) Tittoni.
(*L*. *S*.) Arthur Fontaine.	(*L*. *S*.) L. Luzzatti.
	(*L*. *S*.) L. Rava.
	(*L*. *S*.) E. Stelluti Scala.

ANNEXE III

Décret du 8 octobre 1904 promulguant en France le traité de travail franco-italien du 15 avril 1904 et de l'arrangement relatif aux caisses dépargne.

Le Président de la République française,

Sur la proposition du ministre des affaires étrangères et du ministre du commerce, de l'industrie, des postes et des télégraphes,

Décrète :

ART. 1er. — Une convention ayant été signée à Rome, le 15 avril 1904, entre la France et l'Italie, en vue d'assurer des garanties à la personne du travailleur, et, un arrangement ayant été également conclu à Rome le même jour concernant les remboursements et les transferts de fonds déposés à la caisse d'épargne postale des deux pays, et, les ratifications de ces actes ayant été échangées à Rome le 21 septembre 1904, lesdits convention et arrangement dont la teneur suit recevront leur pleine et entière exécution.

(V. aux annexes I et II le texte de la Convention et
de l'Arrangement).

ART. 2. — Le ministre des affaires étrangères et le ministre du commerce, de l'industrie, des postes et des télégraphes sont chargés, chacun en ce qui le concerne, de l'exécution du présent décret.

Fait à Paris, le 8 octobre 1904.

EMILE LOUBET.

Par le Président de la République :
Le ministre des affaires étrangères,
DELCASSÉ.

Le ministre du commerce, de l'industrie,
des postes et des télégraphes,
GEORGES TROUILLOT.

ANNEXE IV

**Traité de commerce entre la Suisse et l'Italie,
du 13 juillet 1904 (1).**

ART. 17. — Les parties contractantes s'engagent à examiner d'un accord commun et amical le traitement des ouvriers italiens en Suisse et des ouvriers suisses en Italie à l'égard des assurances ouvrières, dans le but d'assurer, par des arrangements opportuns, aux ouvriers des nations respectives dans l'autre pays un traitement qui leur accorde des avantages autant que possible équivalents.

Ces arrangements seront consacrés, indépendamment de la mise en vigueur du présent traité, par un acte séparé.

(1) *Bulletin de l'Office du travail*, 1905, p. 128.

Traité de commerce entre l'Empire l'Allemagne et l'Italie, du 3 décembre 1904 (1).

Le traité contient dans son article 4 la disposition suivante, qui devient l'article 2 *a* du traité de 1891 :

Art. 2 *a*. — Les parties contractantes s'engagent à examiner d'un accord commun et amical le traitement des ouvriers italiens en Allemagne et des ouvriers allemands en Italie à l'égard des assurances ouvrières dans le but d'assurer par des arrangements opportuns, aux ouvriers des nations respectives dans l'autre pays un traitement qui leur accorde des avantages autant que possible équivalents.

Ces arrangements seront consacrés, indépendamment de la mise en vigueur du présent traité, par un acte séparé.

(1) *Bulletin de l'Office du travail*, 1905, p. 128.

Traité de commerce entre l'Empire d'Allemagne et l'Autriche-Hongrie du 19 janvier 1905 (1).

Art. 6.— Les parties contractantes s'engagent à examiner, d'un accord amical, le traitement des ouvriers de l'une des parties travaillant dans le territoire de l'autre à l'égard de la protection des travaileurs et des assurances ouvrières dans le but d'assurer réciproquement à ces ouvriers, par des arrangements opportuns, un traitement qui leur accorde des avantages autant que possible équivalents.

Ces arrangements seront consacrés, indépendamment de la mise en vigueur du présent traité, par un acte séparé.

(1) *Bulletin de l'Office du travail*, 1905, p. 129.

Traité entre le Grand-Duché de Luxembourg et la Belgique, du 15 avril 1905 (1).

Convention signée le 15 avril 1905 entre le Grand-Duché et la Belgi que, au sujet de la réparation des dommages résultant des accidents du travail.

Son Altesse royale le Grand-Duc de Luxembourg et Sa Majesté le Roi des Belges, également animés du désir d'assurer aux ressortissants de leurs Etats respectifs le bénéfice réciproque de la législation en vigueur sur la réparation des dommages résultant des accidents du travail, ont résolu de conclure à cet effet une convention et ont nommé pour leurs plénipotentiaires, savoir :

Sa Majesté le Roi des Belges :

M. le baron de Favereau, membre du Sénat, etc... son ministre des affaires étrangères ;

Son Altesse Royale le Grand-Duc de Luxembourg, M. le comte de Marchant d'Ansembourg, chambellan de S. A. R. le Grand-Duc de Luxembourg, etc..., son chargé d'affaires près Sa Majesté le Roi des Belges ; lesquels, après s'être communiqué leurs pleins pouvoirs trouvés en bonne et due forme, sont convenus des articles suivants :

ART. 1er. — Les ouvriers luxembourgeois victimes d'accidents du travail en Belgique, ainsi que leurs ayants droit, seront admis au bénéfice des mêmes indemnités et des mêmes garanties que les sujets belges. Par réciprocité, les ouvriers belges victimes d'accidents du travail dans le Grand-Duché de Luxembourg, ainsi que leurs ayants droit, seront admis au bénéfice des mêmes indemnités et des mêmes garanties que les sujets luxembourgeois.

ART. 2. — Il sera cependant fait exception à la règle précédente lorsqu'il s'agira d'ouvriers sans distinction de nationalité, qui sont occupés passagèrement, c'est-à-dire pendant six mois au plus, sur le territoire de celui des deux Etats contractants où l'accident est survenu, mais qui sont attachés à une entreprise située sur le territoire de l'autre Etat, auquel cas la législation de ce dernier Etat sera seule applicable.

(1) Office du travail belge, *Revue du travail*, p. 1080, 1905.

Art. 3. — Les dispositions de l'article 48, n° 2 et de l'article 49, alinéa 4, de la loi luxembourgeoise du 5 avril 1902 sont suspendues expressément au profit des ayants droit de nationalité belge.

Art. 4. — Les dispositions des articles 1, 2 et 3 de la présente convention seront semblablement applicables aux personnes que les lois de chacun des Etats contractants assimilent aux ouvriers en ce qui concerne la réparation des dommages résultant des accidents du travail.

Art. 5. — Les exemptions prononcées en matière de timbre, de greffe et d'enregistrement, et la délivrance gratuite stipulée par la législation luxembourgeoise sur les accidents du travail, sont étendues aux actes, certificats et documents visés par cette législation qui seront passés ou délivrés aux fins d'exécution de la loi belge. Réciproquement, les exemptions prononcées et la délivrance gratuite stipulée par la législation belge sont étendues aux actes, certificats et documents visés par cette législation et qui seront passés ou délivrés aux fins d'exécution de la loi luxembourgeoise.

Art. 6. — Les autorités luxembourgeoises et belges se prêteront mutuellement leurs bons offices en vue de faciliter de part et d'autre l'exécution des lois relatives aux accidents du travail.

Art. 7. — La présente Convention sera ratifiée et les ratifications seront échangées à Bruxelles le plus tôt possible.

Elle entrera en vigueur dix jours après la publication dans les formes prescrites par la législation des deux pays, et demeurera obligatoire jusqu'à l'expiration d'une année à partir du jour où l'une ou l'autre des parties contractantes l'aura dénoncée.

En foi de quoi les plénipotentiaires ont signé la présente Convention et y ont apposé leurs cachets.

Fait en double à Bruxelles, le 15 avril 1905. Signé : Le Comte d'Ansembourg (*L. S.*) ; Favereau (*L. S.*).

(La Convention ci-dessus a été ratifiée et l'échange des ratifications a eu lieu à Bruxelles, le 25 octobre 1905.)

Traité entre l'Empire d'Allemagne et le Grand-Duché de Luxembourg, du 2 septembre 1905.

Arrangement signé le 2 septembre 1905 entre le Grand-Duché et l'Empire allemand au sujet de l'assurance-accident.

Art. 1er. — A défaut d'autres accords intervenus entre les assureurs compétents des deux Etats et ratifiés par le gouvernement du Grand-Duché du Luxembourg et le Chancelier de l'Empire allemand, les exploitations assurées obligatoirement d'après les lois d'assurance-accidents des deux Etats (exception faite pour les exploitations agricoles et forestières), sont soumises, en ce qui concerne les personnes employées dans la partie de l'exploitation qui étend passagèrement son activité sur le territoire de l'autre Etat et pour la durée de leur emploi, à l'assurance-accident de l'Etat dans lequel se trouve le siège de la principale entreprise ou de l'entreprise totale.

N'est considérée au sens de l'arrangement comme « partie d'exploitation étendant passagèrement son activité », que celle dont la durée probable ne dépasse pas six mois. Pour chaque partie de l'exploitation, ce laps de temps est compté séparément.

Doivent être aussi considérés comme passagèrement occupés : le personnel des chemins de fer qui franchit la frontière avec les trains qui le traversent et les personnes qui, sans changer le siège de leurs fonctions, sont, en cas d'urgence, envoyées moins de 6 mois dans le domaine de l'autre Etat, pour les besoins du service des chemins de fer.

Art. 2. — S'il s'élève des doutes sur le point de savoir si, d'après les dispositions de l'article 1er, les lois d'assurances contre les accidents de l'un ou de l'autre Etat doivent être appliquées, — à défaut d'entente entre les assureurs des deux pays entre eux et avec l'entrepreneur de l'exploitation et aussi au cas de procédure d'indemnité avec l'ayant droit — les autorités de l'Etat dans lequel auront été accomplis les travaux de l'exploitation cause du différend — en l'occurrence pour le Luxembourg, le gouvernement, — pour l'Empire allemand, l'administration impériale des assurances, — tranchent la difficulté avec compétence exclusive et en dernier ressort.

La décision rendue conformément au paragraphe 1 s'applique aux assureurs dans l'autre Etat — et sert de règle sans effet rétroactif pour la procédure à suivre et notamment aux questions de contribution, d'indemnité et pour savoir si les organisations dans l'un ou dans l'autre pays sont compétentes pour le traitement ultérieur de l'affaire.

Avant la décision dont il est question au paragraphe 1, l'assureur intéressé, l'entrepreneur, et, en cas de procédure d'indemnité, l'ayant droit peuvent être entendus ; la décision intervenue doit être signifiée à l'intéressé.

Art. 3. — S'il s'agit d'un accident donnant sans aucun doute lieu à indemnité, mais que des difficultés subsistent sur le point de savoir s'il incombe aux assureurs de l'un ou l'autre Etat, le premier assureur, saisi de l'affaire conformément aux prescriptions légales valables pour lui, doit, en attendant, prendre soin de l'ayant droit.

La charge définitive en incombe à l'assureur désigné à bref délai comme tenu d'indemniser.

Art. 4. — Si, d'après les principes de cet arrangement des exploitations isolées ou des parties d'exploitation ont à passer de l'assurance-accident d'un pays à celle d'un autre, cette mutation n'a lieu qu'à la fin de l'exercice courant. S'il y a entente entre les assureurs des deux Etats, la mutation avec effets de droit pour tous les intéressés peut être reportée au moment de l'entrée en vigueur du présent arrangement (art. 7).

Les obligations, résultant d'accidents qui se sont produits avant l'époque de la mutation, doivent être remplies par celui des assureurs chez lequel l'exploitation, cause de l'accident, était assurée avant la mutation.

Art. 5. — Dans l'application des règles de l'assurance-accident — en particulier dans les constatations d'accidents qui incombent à l'assurance-accident d'un pays, mais qui se produisent sur le territoire de l'autre Etat — les organisations et juridictions compétentes se prêteront une aide mutuelle, sans préjudice de leur obligation de constater d'office ces accidents.

Art. 6. — Les mesures précédentes sont applicables à ceux des employés de l'Empire d'Allemagne, de l'un des Etats de l'Union allemande, ou d'une circonscription administrative allemande, employés dans les exploitations assurées obligatoirement et de l'espèce désignée à l'article 1er, pour lesquels existent toutefois (à la place de l'assurance-accident allemande), des mesures de secours au cas d'accidents, au sens du paragraphe 7 de la loi allemande d'assurance contre les accidents industriels.

Dans ces cas, à la place de l'administration impériale d'assurance appelée à décider aux termes de l'article 2, prennent la décision, pour les employés impériaux, le Chancelier impérial, pour les employés d'Etat et les employés des circonscriptions administratives l'autorité centrale des Etats particuliers.

Dans l'application des lois allemandes de protection contre les accidents, les prescriptions de ces lois concernant la mise en valeur de tous autres droits nés d'accidents et fondés d'après les lois allemandes sont aussi valables pour les recours provoqués par un accident arrivé en territoire luxembourgeois et fondés d'après les lois du Luxembourg.

Art. 7. — Cet arrangement entrera en vigueur au commencement du mois qui suivra sa conclusion. Il peut, de part et d'autre, être dénoncé le 1er janvier de chaque année, pour ladite dénonciation produire son effet à partir du 1er janvier de l'année suivante.

En foi de quoi, les représentants des deux Etats ont signé le présent arrangement et l'ont revêtu de leurs sceaux.

Expédié en double original à Luxembourg, le 2 septembre 1903. Signé : Eyschen (*L. S.*) ; C. Puckler (*L. S.*).

Acte final de la Conférence de Berne (mai 1905) (1).

Les délégués des gouvernements de (2).... se sont réunis en conférence le 8 mai 1905, pour examiner les solutions à donner aux deux questions contenues dans la circulaire du Conseil fédéral suisse du 30 décembre 1904. Les délégués soussignés ont convenu de prier le Conseil fédéral suisse de bien vouloir saisir les gouvernements des Hauts Etats intéressés, en vue des négociations diplomatiques qu'ils jugeront utile d'ouvrir, des propositions ci-après qui constituent le résultat des délibérations de la conférence et forment les bases de conventions internationales à conclure :

I. — Bases d'une convention [internationale sur l'interdiction de l'emploi du phosphore blanc (jaune) (3) dans l'industrie des allumettes (4).

Art. 1er. — A partir du 1er janvier 1911, il sera interdit de fabriquer, d'introduire ou de mettre en vente des allumettes contenant du phosphore blanc (jaune).

Art. 2. — Les actes de ratification devront être déposés au plus tard le 31 décembre 1907.

Art. 3. — Le gouvernement du Japon sera invité à donner son adhésion à la présente convention avant le 31 décembre 1907.

Art. 4. — La mise en vigueur de la convention reste subordonnée à l'acceptation de tous les Etats représentés à la Conférence et du Japon.

(1) *Bulletin de l'Office du travail*, 1905, p. 534.
(2) Vient ici l'énumération des Etats représentés.
(3) Le phosphore qualifié blanc en France est dénommé jaune en Allemagne.
(4) Ont signé les bases de cette convention les délégués des gouvernements suivants : Allemagne, Autriche-Hongrie, Belgique, Espagne, France. Italie, Luxembourg, Pays-Bas, Portugal, Suisse. Se sont abstenues les délégations du Danemark, de la Grande-Bretagne, de la Norvège et de la Suède.

II. — Bases d'une convention internationale sur l'interdiction du travail de nuit des femmes employées dans l'industrie (1).

Art. 1er. — Le travail industriel de nuit sera interdit à toutes les femmes sans distinction d'âge, sous réserve des exceptions prévues ci-après.

La convention s'appliquera à toutes les entreprises industrielles où sont employés plus de dix ouvriers et ouvrières ; elle ne s'appliquera en aucun cas aux entreprises où ne sont employés que les membres de la famille.

A chacune des parties contractantes incombera le soin de définir ce qu'il faut entendre par entreprises industrielles.

Dans celles-ci seront comprises les mines et carrières, ainsi que les industries de fabrication et de transformation des matières ; la législation nationale précisera sur ce dernier point, la limite entre l'industrie, d'une part, l'agriculture et le commerce, d'autre part.

Art. 2. — Le repos de nuit visé à l'article précédent aura une durée minimum de 12 heures consécutives ; dans les onze heures, quelle que soit la législation de chaque Etat, devra être compris l'intervalle de dix heures du soir à cinq heures du matin.

Toutefois, dans les Etats où le travail de nuit des femmes adultes employées dans l'industrie n'est pas actuellement réglementé, la durée du repos ininterrompu pourra, à titre transitoire, et pour une période de trois ans au plus, être limitée à dix heures.

Art. 3. — L'interdiction du travail de nuit pourra être levée :

1° En cas de force majeure, lorsque dans une entreprise se produit une interruption du travail, impossible à prévoir et n'ayant pas un caractère périodique ;

2° Dans le cas où le travail s'applique à des matières susceptibles d'altération très rapide, chaque fois que cela sera nécessaire pour sauver ces matières d'une perte inévitable.

Art. 4. — Dans les industries soumises à l'influence des saisons et en cas de circonstances exceptionnelles pour toute entreprise, la durée du repos ininterrompu de nuit pourra être réduite à dix heures, soixante jours par an.

(1) Ont signé les bases de cette convention les délégués des gouvernements suivants : Allemagne, Autriche-Hongrie, Belgique, Danemark, Espapagne, France, Italie, Luxembourg, Norvège, Pays-Bas, Portugal et Suisse.
Se sont abstenues les délégations de la Grande-Bretagne et de la Suède.

Art. 5. — Les ratifications de la convention à intervenir devront être disposées au plus tard le 31 décembre 1907.

Pour la mise en vigueur de la convention, il sera stipulé un délai de trois ans à dater du dépôt des ratifications.

Ce délai sera de dix ans :

1° Pour les fabriques de sucre brut de betterave ;

2° Pour le peignage et la filature de la laine ;

3° Pour les travaux au jour des exploitations minières, lorsque ces travaux sont arrêtés annuellement, quatre mois au moins, par des influences climatériques.

Fait à Berne, le seize mai de l'an mil neuf cent cinq en un exemplaire français et un exemplaire allemand, qui seront déposés dans les Archives de la Confédération Suisse et dont copie légalisée sera remise, par la voie diplomatique, à chaque gouvernement représenté à la conférence.

Signatures.

TABLE DES MATIÈRES